京大的アホがなぜ必要か

カオスな世界の生存戦略

酒井 敏
Sakai Satoshi

a pilot of wisd

目次

コンピューターで完全な天気予報は可能か?／
わずかな初期値のズレが計算結果を大きく左右する／
この世界は因果関係のはっきりしない「カオス」である／
パイをこねればカオスが見える／
どんなに原因を究明しても再発は防げない／
人間は成功も失敗も「運不運」で片づけたくない／
「樹形図構造」という思考の枠組み／
生物は四〇億年もカオスな世界を生き延びた

第二章　カオスな世界の生存戦略と自然界の秩序

キリンの長い首は「結果オーライ」にすぎない／
場当たり的で無駄の多い進化のプロセス／
毒ガスを喜んで吸った「アホ」の末裔／
選択と集中は「無駄に効率のいい社会」をつくる／
アホなチャレンジャーが「ナマコは食える」を発見した／

数学はなぜ「役に立つ」のか／ガラクタ知識が思わぬところで役に立つ／生き残るためのガラクタと「裏道」／各分野の行き詰まりを打開する異分野融合の難しさ／樹形図構造が行きつく先は「重箱の隅」／ひとつの分野を深く掘り下げると別の分野とつながる／何かを「忘れる」ことで発想の大転換が起こる／カントやゲーテを読む同級生から受けたショック／なぜか一輪車で通学した学生時代／お金はないが自由があった教養部時代／アホが考えたフラクタル日除け／学生に「教科書を読むな」という理由／ヒートアイランド研究の「大御所」の間違い／民間人は信用できない？／黒球温度計が与えてくれたヒント／数学者って暇だね／急ハンドルを切って方向転換／

第四章　間違いだらけの大学改革

気まぐれは「能力」である／
年寄りの言うことを聞きすぎる若者たち／
人生の意味は自分のなかから湧いてくる／
アホのエネルギーがイノベーションの動力源／
世界がカオスだからこそ人間は自由意志を持てる／
自分のなかの「アホ」に途惑う必要はない／
矛盾を受け入れ、失敗を恐れるな

参考文献

構成／岡田仁志
図版作成／クリエイティブメッセンジャー

序章　京大の危機は学術の危機

京都大学入学時に受けた衝撃

「アホなことせい」——京大の先生にそう言われて面食らったのは、もう四〇年以上も前のことです。いまではその大学で教壇に立ち、「京大変人講座」も主宰する私ですが、当時は静岡の高校を卒業して、京大の理学部に入学したばかりでした。

頑張って受験勉強をして合格したと思ったら、そこの先生に「アホ」なことをしろと言われたのですから、ポカンとするのも無理はありません。それもひとりではなく、何人もの先生から同じような言葉を聞きました。

大阪の吉本興業にでも入ったならともかく、そこは大学です。一八歳の私は、それなりに向学心を持って京大の門をくぐりました。

「しっかりと勉強して、世の中の役に立つ人間にならなければ」

……と、そこまで優等生のように考えていたとは申しません。しかし建て前としては、マジメに勉強するのが大学生の本分だと思っていたわけです。自分なりに「こういう研究をしてみたい」というテーマもありました。

ところがその大学で、先生に「しっかりと勉強しなさい」と言われた記憶がない。いや、もしかしたら、そんな建て前を口にした先生もいたのかもしれません。しかし仮にそうだとしても、「アホなことせい」の衝撃が強すぎて、「勉強しなさい」という当たり前のお説教はどこかに吹っ飛んでしまったのでしょう。

それぐらい、京大入学時には何度も「アホ」の大切さを強調されました。ほかの大学の先生が新入生に何を言うのかは知りませんが、いきなり「アホ」を勧めるのはたぶん京大だけだろうと思います。

「おれはこれから、アホなことせなあかんのか……」

覚えたての関西弁で、そんなふうにボヤきたくなる気分でした。

では、京大で求められた「アホなこと」とは何なのか。最初はわけがわかりませんでしたが、この大学でしばらく過ごしているあいだに、それがあんがい深い意味を持っていることが徐々にわかってきました。

京大といえば、世間でハロウィンが流行《はや》るずっと以前から、卒業式が仮装大会になるのが有名です。あれが「京大的アホ」の実例だと思う人も多いでしょう。詳細は後述しますが、私自身、学生のときには一輪車で大学に通ったりもしました。

でも、それは教員の言う「アホ」とはまた別の話。「アホなことせい」は、人前で裸踊りや百面相みたいな面白おかしい行動をしろという意味ではありません。ここで言う「アホ」は学生の本分である学問や研究のあり方にかかわるものです。もちろん、京大生が卒業式の仮装みたいな「アホな行動」をするのも、メンタリティ的にはそれといくらか通底する部分もあるでしょう。でも、それだけでは「京大的アホ」とはいえません。

「おもろいアホ」が常識を破る

では、どうして学問や研究に「アホ」が求められるのか。ふつうは賢い人間がやるのが学問だと思われているので、「アホじゃ困るだろう」と言われそうです。でも、この「アホ」は「賢い」の反対語ではありません。「常識」や「マジメ」の対立概念です。

そもそも学術研究は、すでに誰かがやったことをなぞっても大して価値がありません。それまで誰も気づかなかった真実を明らかにするのが、研究のあるべき姿です。

したがって研究者は、従来の「常識」にとらわれていてはいけない。高校までの勉強は先人が積み重ねてきた常識を学ぶのが主眼ですが、大学の研究はそこから逸脱する必要があります。とはいえ、たとえば天動説から地動説への転換に長い時間がかかったことを見ればわかるように、古い常識を捨てて新しい真実にたどり着くのは簡単ではありません。物事をマジメに考えているだけでは、「非常識」な真実は見えてこない。常識を破るには、いったん正常な思考回路を停止する必要があります。

まともに考えるのを、やめる。それが、「アホ」の意味にほかなりません。

たぶん、天動説という常識が支配していた時代に地動説を聞かされた人たちは、「地球が動いてるなんて、そんなアホな」と思ったことでしょう。まともに考えたら、誰がどう見たって星や太陽が地球の周りを回っているのですから、「地球が動いている」なんて言ったら、「おまえはアホか」でおしまいです。

しかし結果的には、その「アホ」が正解でした。まともに考えない奴《やつ》が、正しかった。真実はアホにあり、です。

もっとも、非常識な「アホ」は当たれば大ホームランになるものの、打率は高くありません。

一〇回のうち九回、いや一〇〇回のうち九九回、いや一〇〇〇回のうち……キリがありません
が、とにかくアホな試みのほとんどは空振りに終わります。
したがって、成果を上げるためには、失敗に挫《くじ》けることなく何度も何度も打席に立つ必要が
ある。空振りに終わるたびに、それこそ世間から「アホやなぁ」と呆《あき》れられてしまうのですか
ら、これにはかなりタフな精神力が求められます。やれば確実に結果が出るような常識的な研
究のほうが、ある意味で楽だともいえるでしょう。
だから「アホなことせい」は、決してお気楽な教えではありません。それはもう、泣きたく
なるほど「アホ」と言われ続けて、ようやくひとつの大発見にたどり着くのですから、なかな
かどうして険しい道のりなのです。
しかし京大では、その「アホ」になりきれるかどうかが勝負。失敗しても「すんまへん、す
んまへん、わしらアホやから堪忍してや」と低姿勢で開き直りながら、したたかに「アホ」を
貫く雰囲気が昔の京大にはありました。私自身、その姿勢を身につけるのが、京大での研究者
修業の第一歩だったように思います。
また、非常識な「アホ」を正当化するには、常識とは違う評価基準がなければいけません。
ふつうは「役に立つかどうか」が評価の物差しになるのでしょうが、「アホ」は何しろ打率が

低いので、その基準では評価しにくい。そのため京大では、「役に立つ」ではなく「おもろい」がホメ言葉だといわれていました。

一見すると役に立ちそうもない研究でも、「まあ、それも一理あるか」とか「それもアリかもしれん」などと思えれば、やってみる価値はある。それが「おもろい」の意味です。

そこには、ほとんど理屈はありません。もちろん、数字で比較できるものでもない。かつてコラムニストの天野祐吉さんが「面白いというのは目の前がパッと明るくなること」だと喝破されていましたが、京大の「おもろい」もそういう感覚的な評価基準です。

同じ「アホ」でも、おもろいと思えないものはダメ。しかしどんなに打率の低い「アホ」でも、おもろいと思える何かがあれば奨励される。それが京大の文化だったのです。

〈第二東大〉ではない京大の暴力的な自由

おそらく、ここまでの話を意外に感じた人は少ないでしょう。むしろ「やっぱり京大はそういうところなのか」と思った人のほうが多いと思います。一〇代の私はよく知らずに受験したので面食らいましたが、世間では昔から「京大は東大とはひと味違う変な大学」というイメージで見られてきました。

それぞれ東西を代表する難関国立大学ですが、マジメな優等生が集まる印象が強い東大に対して、京大は自由奔放で、どこかやわらかい感じでしょうか。関西ならではのユーモア精神もある。卒業式の仮装に象徴される（別の意味で「アホ」な）学生気質も、東大とはちょっと（かなり？）違います。

もちろん、学生も教員も個性はさまざまですから、昔から東大にも自由奔放な人はいたし、京大にもマジメな優等生はいたでしょう。でも、京大が東大とは違う「自由の学風」を標榜《ひょうぼう》してきたのはたしかです。その背景には、「自分たちは〈第二東大〉ではない」という対抗意識やプライドもあったかもしれません。

そんな京大の自由っぷりも、一八歳の私を大いに途惑わせました。

高校時代の私は、決して素直な優等生ではなかったと思います。上から管理されるのは嫌いで、先生に反発して試験勉強を拒否したりもしました。「自由にやらせてくれれば、自分のやり方でできる」と思っていたわけです。

しかし京大に入ってからは、自分が考えていた「自由」がひどくちっぽけなものだったことを思い知らされました。

ちょっと反抗的な高校生の考える自由なんて、大したものではありません。教師の勧める高速道路を拒否して、「おれはこっちで行く」と下の一般道を選ぶ程度の話です。どちらを走ろうが、進む方向は決まっているわけです。

それに対して、京大では道そのものがありません。原っぱに放り出されて、「勝手にアホなことせい」と言われたようなものです。どこに向かえばいいのか、誰も教えてくれません。

入学直後に受けた理学部のガイダンスでは、こんなことを言われました。

「この学部では、だいたい三分の一の確率で、学生が行方不明になります」

学生を管理する側の大学が平然とこんな言葉を口にしたら、いまのご時世なら「無責任だ!」と炎上するかもしれません。でも本来、「自由」とはそういうことでしょう。学生が行方不明にならないよう懇切丁寧に指導すれば、行き先を自分で考えさせることになりません。誰もコントロールしないからこその「自由」です。

原っぱに放り出して、行くべき方向を探らせれば、無駄に遠回りしてしまうこともあります。でも、その「無駄」を恐れて効率を求めていたのでは、「アホ」はできない。ある意味で暴力的なまでの自由があるからこそ、常識にとらわれることなく、自分の「おもろい」を追求することができたのです。

「京大的変人」の危機だからこそ始めた連続講座

どっちに進んでもかまわない「自由の学風」のなかで、おもろい「アホ」を推奨する――そんな京大は、「変」な人間が変なままで生きていける場所でした。周囲に理解されにくい変わり者でも、誰も排除しようとしないし、直そうともしない。「そんな非常識なことしたらあかんで」などとたしなめられることはないので、それぞれが自分のツノを全力で尖《とが》らせたまま「変人」でいられるのが、京大のよさだったのです。

しかし（先ほどから過去形で書いているので何となくおわかりかとは思いますが）ここまでお話ししてきたような京大の文化は、近年、かなり薄れつつあります。いや、もはや危機に瀕《ひん》しているといったほうがいいでしょう。

私がこの本を書こうと思ったのも、その危機感があるからです。当たり前ですが、単に、自分の勤める大学の紹介をしたいわけではありません。

そもそも、とっくに世間で「自由でアホ」だと思われている大学のことを、いまさら「自由でアホです」と紹介しても意味はないでしょう。自分が四〇年以上にわたって居続けた京大が、世間で思われているものとは違うものに変質しつつあるからこそ、本書を通じていろいろなことを訴えたいのです。

ちなみに、二〇一七年の五月から「京大変人講座」という連続講座を始めたのも、同じ理由からでした。毎回、京大のおもろい教員を呼んで、学生や外部の人たちの前で話をしてもらう企画です。ナビゲーターは、京都出身のタレント越前屋俵太《ひようた》さん。なかなかの好評で、二〇一八年の正月に山極壽一《やまぎわじゆいち》総長も交えて開催した「新春★京大変人会議」などは、立ち見も出るほどの大盛況でした〈詳しくは『京大変人講座』〈三笠書房〉をご覧ください〉。

この講座のことを知った人の多くは、「さすが京大らしいですね」と言ってくださいます。でも、その「らしさ」が盤石なのであれば、わざわざこんなイベントをやる必要はありません。もともと「変人」がホメ言葉の大学でいまさら「変人講座」を名乗ることには、やや忸怩《じくじ》たる思いもあります。

でも、いまこれをやらなければ、京大が京大でなくなってしまう。大学の内側にも外側にも、本来の京大があるべき姿を知ってもらいたい。京大を京大たらしめる「変人」の存在が危機的な状況だからこそ、あえてそれをやらざるを得ないと考えたのです。

学術研究に「効率」を求める産業界

京大の文化が衰退しつつあるのは、学生たちのせいではありません。自分の若いときの話をして「昔はよかった」などと言うと、「それにくらべて最近の若いモンは」という嘆き節になるのがよくあるパターンですが、私が言いたいのはそういうことではない。京大のよき文化を危機に陥れたのは、若者ではなく、世間の変化です。

京大の学生諸君が、昔よりいくらかマジメになったように感じることもないわけではありません。しかし、相変わらず卒業式ではアホな仮装が大量に出現しますし、立て看板の是非をめぐって大学当局と攻防戦をくり広げる学生もいます。学生が「自由」を求める気風は、いまも残っていると思っていいでしょう。やはり、ほかの大学とはちょっと違う雰囲気が京大にはあります。

それでも昔とくらべると学生のお行儀がよくなってきたのは、社会における大学の立場が変わったせいです。この二〇年ぐらいのあいだに、日本の社会が大学に求めるものは大きく変質してきました。詳しくはあとでお話ししますが、とくに国立大学は、教養部の廃止や独立行政法人化といった改革によって、大学の根幹にかかわる制度そのものが激変しています。

その変化の背景には、さまざまな要因があるでしょう。そのなかでもとくに大学改革に強い影響を与えているると感じるのは、ひたすら効率のよさを求めて「無駄」を排除しようとする産業界の姿勢です。

いわゆるバブル経済が崩壊した九〇年代以降、日本経済がうまくいかなくなったことで、研究機関としての大学に対して「すぐに役に立つ（つまりお金になる）成果」を求める圧力が高まりました。それだけではありません。教育機関としての大学にも、社会に出てすぐに使える即戦力を求める声が高まっています。企業が自分で研究開発や人材育成を行う余裕がなくなったので、それを大学に求めるようになったのです。

しかし、「効率よく役に立つことをやるべし」という考え方は、京大の文化とは相容《あいい》れません。いや、京大だけではないでしょう。大学で行う学術研究とは、本来そういうものではない。新しい真理に到達しようと思えば、無駄に見える遠回りも当然あり得ます。

もし、一直線に効率よく答えにたどり着けたとしたら、それは従来の常識の範囲におさまるものでしかありません。常識的に予想されることだから、最短ルートで効率よく進めるのです。

そんな研究だけやっていたら、学術の世界はどんどんスケールの小さなものになっていきます。大学に「効率」や「役に立つ研究」ばかり求めていたのでは、学術の大きな発展は望めません。

事実、いまは日本の学術全体がかつての勢いを失い、失速しつつあります。たとえば論文数の世界シェアは、国立大学の独立行政法人化以降、急降下しました。論文数だけが学術研究の成果を表すものではありませんが、研究に必要な資金や時間がなかなか得られず、青息吐息の研究者も少なくありません。もはや、学術界の衰退は覆うべくもないものとなっています。

そういう学術全体の失速と京大文化の衰退は、同じ根を持つパラレルな現象です。独立行政法人化など大学改革が始まって以来、他大学の方から「京大は最後の砦《とりで》ですから頑張ってください」とよく言われました。正直いって「京大だからといって、特別なわけじゃないですよ」と心のなかで思いつつも、長きにわたって「自由の学風」を標榜してきた京大に籍を置く人間が黙っているわけにはいかないとも思っていました。実際、いわゆる「学術」は、いったん現世利益から離れて自由に思考を巡らすところに意味があります。だからこそ、より広い視野で物事を把握できるようになり、結果的に「役に立つ」のです。学術にとって自由は本質的に重要です。それを京大が主張できなかったら、どの大学でもできない。ところがその京大が、いまや自由を失いつつある。「最後の砦」が崩壊しようとしているのです。その意味で、京大の危機は「学術の危機」にほかなりません。

効率の悪い「アホ」が人類を救うかもしれない

なぜ、効率の追求が学術をおかしくするのか。

アホとしか思えない無駄が、どうして必要なのか。

それについては、次章以降でじっくりお話しすることにしましょう。ここではとりあえず、「人類が生き残るためにはアホが必要なのだ」と大風呂敷を広げておきます。

私たちが生きている自然界は、先のことが予測できない不確実な世界です。どんなにコンピューターが発達しても、人間の計算どおりにはなりません。

それを明らかにしたのは、のちに「複雑系」と呼ばれる学術分野が構築されるきっかけとなる「カオス」の概念でした。その理論によれば、いくら精密な計算をしても、遠い将来のことを正確に予測することはできません。

「バタフライ効果」という言葉を見聞きしたことのある人は多いでしょう。「ブラジルで一匹の蝶《ちょう》が羽ばたくと、テキサスで竜巻が起こる」という話です。それぐらい小さな要素が気象に影響を与えるとしたら、正確な天気予報は不可能。一年後の正確な気象を予測しようと思ったら、地球上で暮らす人類全員、いや、すべての生物が、予測の前提となった「予定どおりの呼吸」をしなければいけません。少しでもそれが乱れれば、計算上のノイズとなって、別の答えが出てしまう。したがって、現実的には計算など不可能です。

気象に限らず、人類を含む自然界はすべてそのような「カオス」のなかで動いています。そこでこれから何が起こるかを完全に予測することは、絶対にできません。

未来のことが計算によってわかるなら、それに向けて効率よく物事を進めていけばいいでしょう。目的地がはっきりしているなら、一般道より、高速道路を走ったほうが速いに決まっています。

しかし世界は不確実なカオスなので、その高速道路が最終的にどこに向かっているかはわかりません。もしかしたら、途中で急に「工事中」の看板が出て先に進めなくなるかもしれない。あるいは、ひどい渋滞が発生してにっちもさっちもいかなくなることもあります。大地震に見舞われて、高速道路そのものが崩壊する可能性だってあるでしょう。みんなが効率を優先してそこを走っていたら、人類はそこで一巻の終わりです。「想定外だった」と呻《うめ》いても、あとの祭り。すべて想定できると考えていたのが、間違いなのです。

でもそのとき、効率が悪いとわかっていながらも高速道路に乗らず、いや、下の一般道からも外れて、広大な原っぱをあちこち駆け回っている「アホ」がいたらどうでしょう。その「アホ」はさんざん無駄に走り回った挙げ句、誰も知らなかった道を見つけ出すかもしれません。そうなったら、「あんな効率の悪いことをしやがって」と笑っていた人たちも、その「アホ」に救われるわけです。

それが、不確実な世界で人類が生き延びるために必要な学術の役割にほかなりません。すべての学術がそうあるべきだというわけではありませんが、そういう「アホ」な学術もなければいけないのです。

いまの日本には、「選択と集中」というキーワードを掲げて無駄な研究を排除し、「役に立つ」とわかっている高速道路だけを走らせようとする傾向があります。しかしその発想では、人間にはコントロールしきれないカオスを生き延びることはできません。

ですから私たちの社会には、一見すると無駄に思えるような学術研究が必要なのです。つまり「京大的変人」を絶やしてはいけない。本書を通じてその存在意義が広く理解され、私が長年過ごしてきた京大のみならず、日本の大学や学術研究そのものが本来あるべき姿を取り戻すきっかけになれば幸いです。

第一章　予測不能な「カオス」とは何か

人間の根源的な問いに答えたいのが科学者

さて、「アホ」や「変人」の活躍が求められる「カオスな世界」とは何なのか。それが本書では重要な概念のひとつになります。

でも、それを説明する前に、まずは自然科学や社会科学などの学術研究がこれまで何を求めてきたのかを振り返っておきましょう。カオス理論は、従来の科学が前提にしてきた「常識」を大きく覆すものだったからです。

そもそも学術研究の目的は、世のため人のために「役に立つ」ことだけではありません。むしろ研究者の多くは、「この世界の真実を知りたい」という知的好奇心に突き動かされて仕事をしています。

「科学技術」という言葉でひとまとめにされるとそれが見えにくくなるのですが、本来「科学」と「技術」は別のもの。「技術」は、たしかに何かの役に立たなければ意味がありません。しかし「科学」の最大の目的は、自然界や人間社会を動かす原理や法則を見極めることでしょう。その科学的真実を踏まえて、社会の役に立つ技術も生まれるのです。

この世の真実を探求する学問といえば、自然科学の分野では物理学がその最たるもの。ガリレオやニュートンの時代から、物理学者たちは自然界を支配する法則を探究してきました。物理学にもさまざまな応用分野はありますが、重力の本質に迫ったアインシュタインの相対性理論や、宇宙や物質の根源を探る素粒子物理学などは、その系譜に連なる基礎研究です。

そのような営みは、まだ哲学と科学が分かれていなかった古代ギリシャの時代から始まっていました。その時代の哲学者レウキッポス、デモクリトスらは、物質の根源が「原子」であるとする「原子論」（近代の元素の概念とは少し違いますが）を説き、また、やはりその時代の哲学者として有名なアリストテレスは、物体の運動についても体系的に論じました。いま物理学者が追究しているようなことを、大昔から人類は知りたかったわけです。

そんなことを知らなくても、とりあえず日々を生きていくことはできるでしょう。知ったところで、腹の足しにはなりません。でも、どうしても知りたい。いくら考えても答えはないかもしれないけれど、知りたい。どんな時代にも人間が持っているそういう知的な衝動が、科学のいちばん根底にある原動力です。

では、私たち人間はどうして自然界の奥底にある物質の根源や運動の法則などを知らずにいられないのか。人間に知的能力が備わってしまった以上、その使い途《みち》が最終的にそこに向かうのは必然だという気もします。子供の「なぜ?」「どうして?」というキリのない質問が、どんどん物事の深いところに向かっていくのと同じこと。人間が自然界のことを知りたくなるのは、「そこに自然界があるからだ」としか言いようがないのかもしれません。

太古の昔からほとんどの社会に「創世神話」が存在するのも、人間がまるで本能のように「なぜ?」「どうして?」と問い続けるからでしょう。この世界（宇宙）がどのように始まり、自分たち人間がどこから来たのかを、誰かが説明しないといけない。だから神話がつくられました。しかし、やはり神話の説明では納得がいきません。

そこで、人々の根源的な問いに対して納得のいく答えを見つけようとしているのが、科学者なのだと思います。いわば、神様になりたい。神様のようにこの世界を見渡し、それを支配する普遍的な法則、つまり「ルール」を探り当てたい。そう願うのが、科学者なのです。

原理的には完全な未来予測ができる?

自然界の探究によって解き明かされるのは、この世界の始まりや人間の起源といった「過去」だけではありません。もし自然界が普遍的な法則に支配されているのなら、その「未来」も予測できることになります。

たとえばニュートンの運動方程式(F=ma)も、まさにそういうものでした。惑星の動きであれ、大砲の着弾点であれ、物体の質量(m)や加速度(a)、そこに働く力(F)などの数値さえわかれば、それを方程式に当てはめるだけで将来の位置を予測できます。

このニュートン力学ができあがって以来、自然科学の世界では、初期条件とその時間発展(時間的な変化)を記述する法則があれば、未来に何が起きるかを予測できると信じられるようになりました。

その考え方をもっとも端的に表しているのは、一八世紀から一九世紀にかけて活躍したフランスの数学者、物理学者であり、かつ天文学者であるピエール゠シモン・ラプラス(一七四九~一八二七)の次のような主張でしょう。

〈ある知性が、与えられた時点において、自然を動かしているすべての力と自然を構成しているすべての存在物の各々の状況を知っているとし、さらにこれらの与えられた情報を分析する能力をもっているとしたならば（中略）この知性にとって不確かなものは何一つないであろうし、その目には未来も過去と同様に現存することであろう〉（『確率の哲学的試論』岩波文庫）

ここで仮定されたスーパーな知性の持ち主は「ラプラスの悪魔」と呼ばれます。いまの時代でいえば、完璧なコンピューターのようなイメージかもしれません。

この世に存在するすべての原子の位置と運動量を「ラプラスの悪魔」が知ることができれば、未来のことを完全に予測できる――つまり、原理的には完全な未来予測が可能だということです。この考え方は、二〇世紀に入ってからも自然科学の世界を支配していました。

もちろん現実的には、それを可能にするほど詳細に自然界の法則が解明されていたわけではありません。しかし物理学がさらに進歩すれば、いつかは自然界のすべてを記述する法則が見つかり、それによって何もかもが予測可能になると信じられていたのです。

これは、世間の人々が科学に期待するものとも一致するでしょう。未来のことが予測できれば、それに向けて効率よく準備を整えることができるので、社会にとって「役に立つ研究」になる。科学的な真実から、「役に立つ技術」を生み出せるわけです。

科学者自身は役に立てるためにやっていなくても、社会がそれを求めるのは当然のことでしょう。科学が進歩すれば、いつか地震の予知や完璧な天気予報が実現すると信じている人は大勢いるはずです。科学者の多くも、かつてはラプラスの言うとおり「不確かなものは何一つない」くなると考えていました。

因果律に基づく決定論的な世界観

「ラプラスの悪魔」に代表される世界観の根っこにあるのは、「因果律」にほかなりません。この世のあらゆる出来事には「原因」と「結果」があり、ある時間を隔ててその原因と結果が結びついている——そうみなすのが、因果律の考え方です。

因果律に従えば、現在の状態は過去に起きたことの「結果」であり、同時に未来に起こることの「原因」でもあります。だから、「現在」の状態を完全に理解すれば、「過去」の状態も「未来」の状態もわかると考えられました。このように、すべての出来事がそれ以前の出来事によって決まるという考え方のことを「決定論」といいます。

何やら難しい概念のように感じるかもしれませんが、これは一般的な常識でも呑《の》み込みやすい話でしょう。何か起きれば「なぜこうなったのか」と原因を考え、将来のために「いま何をすべきか」を考えて計画を立てたりするのは、誰でも日常的にやっていることです。

もしこの世界で因果律が成り立たないとしたら、こんなに不安なことはありません。たとえば事故や病気などに原因がないのでは、今後もそれを防ぐことはできないでしょう。また、将来に向けた計画を立てることもできません。偶然によって生じている「現在」の状態をただ黙って引き受けるしかなくなってしまうのです。現在の努力が未来の成功につながらないのでは、頑張って勉強や練習をする気にもならないでしょう。

それでは困るので、原因と結果は必然的につながっていてほしいと思うのが人情です。そう思う以前に、ふつうは因果律が存在しない世界など想像さえしません。すべて物事には原因があると思うのが当たり前です。

もっとも、大昔の人類はちょっと違ったかもしれません。たとえば落雷や竜巻などの原因を考えてもわからないので、多くのことを「神様の仕業だ」と考えるしかなかったでしょう。そうだとすると、人間にはどうすることもできません。できるのは、せいぜい「悪いことが起きませんように」と神様に祈ることだけ。いつ神様がご機嫌を損ねるかはわからないのですから、それは原因不明の「偶然」に身を任せているのと同じことです。

しかし近代科学の発展によって、自然界で起きるさまざまな現象の原因が「神様」に頼らず論理的に説明できるようになりました。気象状態がどうなれば落雷や竜巻が発生するのかわかれば、あらかじめ予測して対策を講じることができます。

しかも科学が進歩するにつれて、原因を突き止める分析力や未来予測の精度はどんどん高まってきました。そのため現代人は、「未来は何でも予測できるのが当たり前」だと思っているように見えます。

もはや、事故や不祥事などを「偶然に起きたことだから仕方がない」とはなかなか思えません。自然災害であれ、人間がしでかすミスや悪事であれ、何か明確な原因があって起きた必然だと考える。だから何か起こるたびに「原因究明、再発防止」が叫ばれるのです。その背景には、「人間の理性によって世の中はコントロールできるはずだ」という信念のようなものもあるのではないでしょうか。

また、前章で触れた「選択と集中」の発想も、その根底には因果律に基づく決定論的な世界観があります。未来が予測できないのでは、「これから確実に売れるもの」や「短期間で成果の上がる研究」などを選んで集中的に投資することなどできません。現状を分析すれば次の動向がわかると信じているから、「約束された成功」に向かって選択と集中を行うのが合理的なやり方だと考えるのでしょう。決定論的な未来予測が可能であることを前提にしている点で、これは科学的思考に基づく近代合理主義を象徴するような物の考え方だと思います。

コンピューターで完全な天気予報は可能か？

ところが半世紀ほど前、近代科学が長く信じてきた決定論的な世界観を大きく揺さぶる衝撃的な発見がありました。それが、のちに「カオス」と呼ばれるようになった概念です。

数学の分野では、一九世紀の時点で、ポアンカレという有名な数学者によってカオス現象の可能性が指摘されていました。それが自然科学の問題として最初に認識されたのは、気象学の分野でのことです。

先ほども因果律の話で落雷や竜巻を例に挙げたように、気象学による天気予報は、人々が科学に期待する「未来予測」の代表のようなものでしょう。翌日の降水確率や台風の進路など、私たちはいつも天気予報をアテにして生活しています。コンピューターによる数値計算がその精度をどんどん高めていることはいうまでもありません。天気予報の信頼性が高まったため、最近は台風の前に鉄道会社などが計画運休を選択するようにもなりました。

コンピューターを使う数値予報の手法を気象学に持ち込んだのは、現在のコンピューターの基礎を築いた天才数学者ジョン＝フォン・ノイマン（一九〇三～五七）です。いわゆる「ノイマン型コンピューター」をつくった彼が最初にやったのはミサイルの弾道計算だといわれていますが、その次に取り組んだのが天気予報でした。

気象の数値予報には、大気などの変動を表す流体力学や熱力学の方程式を使います。ノイマンは、ジュール＝グレゴリー・チャーニー（一九一七〜八一）という気象学者と協力して方程式を解き、ある日の低気圧が翌日どの位置に移動しているかを予測しました。何しろ七〇年ほど前のコンピューターですから、計算に一日以上の時間がかかったそうです。

一日後の低気圧の位置を計算するのに、一日かかっていては間に合いませんが、当時はそれが計算できたこと自体が画期的なことでした。何しろ、神様しか知らないはずの未来の天気がわかるのです。人間がつくった機械で計算できるとわかれば、あとはコンピューターの計算スピードを上げればいい。それ以来、計算機のスピードをいかに上げるかという研究が気象学の本流になりました。高性能のコンピューターがあれば、何年先の天気だろうと、正確な長期予報が可能になると考えられたのです。

そんな風潮のなかで、「自分もノイマンのような方程式の計算をやってみよう」と思い立ったのが、数学者で気象学者でもあるエドワード・ローレンツ（一九一七〜二〇〇八）でした。一九六〇年頃のことです。

当時の気象学者はコンピューターのパワーをいかに上げるかに腐心していましたが、ローレンツは数学者でもあるので、「力業」で計算しようとはしません。数学者は、できるだけシンプルな手法でエレガントに問題を解くことを好むものです。それに加えて、そもそもお金があまりないので、小さなコンピューターしか買えないという事情もあったのでしょう。ローレンツは、問題そのものを極端に簡略化して計算を行いました。

よく物理の問題で「簡単のため摩擦は無視して計算する」というのがありますが、ローレンツの計算もそういうものです。たとえばローレンツは、地球の自転が大気の変化に与える影響を無視しました。真面目《まじめ》な気象学者なら「それを無視した時点でもはや大気とは呼べない」と言うでしょう。また、現実の大気は乱流なので細かい渦がたくさんできますが、ローレンツはそれも無視。下で温められた大気が上昇し、上で冷やされた大気が下降するという単純な対流だけを対象にしました。

実際の気象には無数の変数があり、だからこそ計算が複雑になります。ところがローレンツが流体力学方程式に入れた変数はたったの三つ。上と下の温度差、対流の強さ、そして、対流によって生じる温度のムラです。まともな気象学者は、「そんな大雑把な計算に何の意味があんねん」と、アホ扱いしたかもしれません。ローレンツの計算モデルは、それぐらい大胆で

「非常識」なものでした。

わずかな初期値のズレが計算結果を大きく左右する

では、その計算によって何がわかったのか。ここで、ローレンツの使った方程式とその計算結果をグラフ化したものを見てください（次頁図1）。方程式のほうは、何となく「シンプルな形だな」とだけ思っていただければオーケー。そのシンプルな方程式から、ご覧のとおりのじつに印象的なグラフが描かれたのです。

この図形はのちに「ローレンツ・アトラクター」と名付けられました。アトラクターとは「引きつけるもの」という意味ですが、ここでは数値の「落ち着き先」ぐらいのニュアンスだと思えばいいでしょう。

方程式を計算したときの「落ち着き先」には、いくつかのパターンがあります。この流体力学方程式の場合、最終的にゼロになるか、無限大に発散するか、周期的な解になれば、計算可能。つまり未来の大気の状態が予測できる、ということになります。

しかしローレンツ・アトラクターは、そのどれでもありません。見てのとおりぐるぐると輪を描くように回っているので周期的な解のような雰囲気もありますが、違います。周期解なら

図１　ローレンツ・アトラクター　　とローレンツ方程式

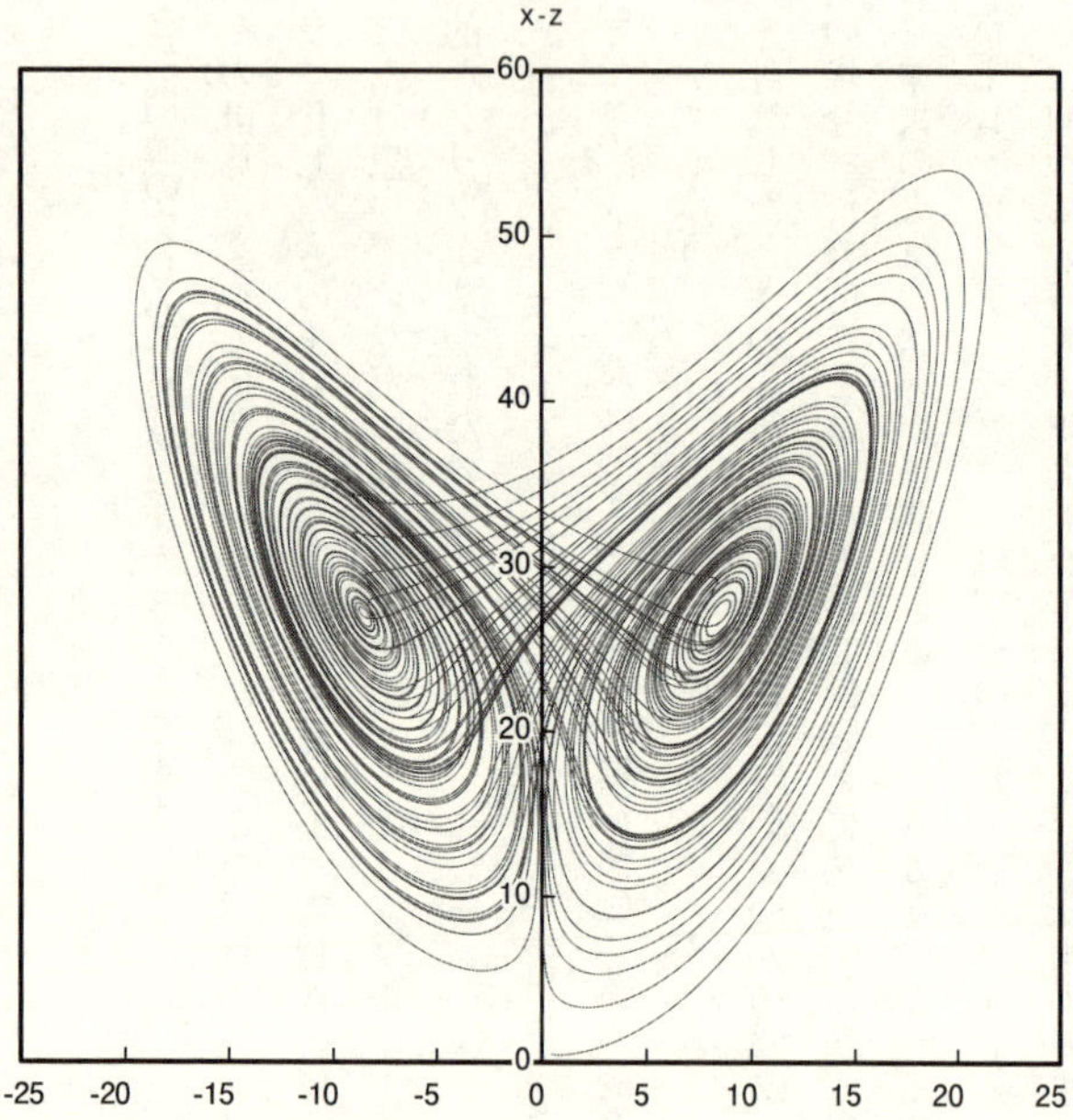

$$\begin{cases} \dfrac{dx}{dt} = a(y-x) \\ \dfrac{dy}{dt} = bx-y-xz \\ \dfrac{dz}{dt} = xy-cz \end{cases}$$

同じところをぐるぐる回りますが、ローレンツ・アトラクターではその周回コースがちょっとずつズレている。図示したものは二次元なのでわかりにくいのですが、三次元で見ると立体的な厚みがあり、その幅のなかで次々と隙間を埋めていくように解が出てきます。したがって、同じ解はひとつもありません。それが永遠に続くので、どれが正解かはわからない。強いて言うなら、その隙間を埋め尽くす数値のすべてが答えです。そんなことでは、予測など成り立つわけがありません。

このあたりの数学的な説明は煩雑で難解なので、とにかく「方程式を解いても答えが決められない」ということだけ頭に入れておいてください。なぜ答えが決まらないかというと、最終的な計算結果が、方程式に代入する初期値に大きく依存するからです。最初の値がほんのわずか違うだけで、答えに大きなバラつきが生じてしまう。そのことをローレンツは前章でも紹介したあの有名な言葉で表現しました。

「ブラジルで一匹の蝶が羽ばたくと、テキサスで竜巻が起こる」

この「バタフライ効果」は、初期値のわずかな誤差が計算結果に与える影響の大きさを述べたものだったのです。

地球上のどこかで羽ばたく蝶や鳥の動きをすべて把握することなどできないのと同じように、

温度や対流の強さなどの初期値を完全に知ることはできません。「精密に測定すればわかるはずだ」と思うかもしれませんが、正確な値を知るということは、無限に続く小数点以下の数字を見極めるということです。

それぐらい小さな初期値の差異で計算結果が大きく変わるのですから、未来の予測は不可能。「いまの技術では現実的に不可能」なのではなく、原理的に不可能なのです。どんなに測定技術が進歩しても、無限の小数点を完全に知ることはできません。

この世界は因果関係のはっきりしない「カオス」である

ローレンツはこの結果を踏まえて、「コンピューターによる長期的な天気予報は不可能」と結論づけた論文を一九六三年に発表しました。

気象にはきわめて多くの変数がかかわるので、そもそも長期的な予測は「現実的」に困難です。しかしローレンツの結論は、そういう意味ではありません。彼の計算は変数をたった三つにまで簡略化したものでした。「計算が複雑だから難しい」という話ではなく、変数が少なくても「計算が絶対にできない」という話です。

これは、単に気象学の世界に衝撃を与えるだけのものではありません。ローレンツの計算はシンプルな数学モデルによる抽象的なものなので、普遍性があります。したがって、どんなジャンルであれ、自然界の未来予測には同じ問題がつきまとう。絶対に知ることのできない初期値の微小な差が計算結果をまったく別のものにしてしまうのだとしたら、「ラプラスの悪魔」も尻尾を巻いて退散しなければなりません。

ニュートンの時代から二〇世紀前半まで、近代科学は自然界を「予測可能」なものだと信じてきましたが、ローレンツの発見はその基本的な世界観を吹き飛ばしてしまいました。この世界は、明確な因果関係で成り立つ機械のようなものではなく、原因と結果のつながりが必ずしもはっきりとはわからない「カオス」だったのです。

ローレンツの発見のあとも、同じようなカオス現象はさまざまな形で発見されました。たとえば一九七〇年代の初頭に数理生態学者のロバート・メイが発見した「ロジスティック写像」の振る舞いも、ローレンツ・アトラクターと並んでよく知られたカオス現象です。

こちらは、生物の個体数の変動を調べるための計算が、初期値がある値を超えたところで予測不能な振る舞いになりました。近似する初期条件からスタートしたふたつの計算が、最終的には大きく異なる結果になってしまうのです。メイはこれについて「すべてのパラメータを正確に決定できるような単純なモデルにおいてすら、長期的な予測が不可能なことを意味する」

と述べました。

ちなみにこのようなカオス現象は、電卓でも簡単に見ることができます。興味のある人は、ユーチューブで「電卓カオス」を検索すると動画があるので、見てみるといいでしょう。そこでは六台の電卓に同じ数値を入力し、その数値を「2乗して2を引く」という計算をして、その答えに対して、また「2乗して2を引く」という計算を何度もくり返します。すると途中から電卓ごとに値が変わってきてしまう。最終的には、ちょっとずつのズレが積み重なって、どの電卓もデタラメな答えを出します。

これは、電卓ごとに有効桁数が異なることで生じる現象です。割りきれなかった小数点以下の小さな値を無視して計算を続けると、最後には取り返しがつかないほど大きな差になってしまう。市販の安い電卓だから限界がある、ということではありません。小数点以下の数値は無限に続くので、どんなに高性能のコンピューターができても必ず同じように計算上のノイズが生じてしまいます。その微小なノイズが、この世界を「カオス」にしているのです。

パイをこねればカオスが見える

もうひとつ、カオスを身近に感じられる例を紹介しておきましょう。

電卓カオスの例でもわかるように、カオスは同じような計算を何度もくり返すことで生じます。ローレンツの天気予報なら、大気が上下の対流を何度もくり返していくうちに予測不能なものになる。メイが調べた生物の個体数の変化も、何世代にもわたって同じように増殖をくり返すうちに、カオスになるのです。

そうやってカオスを生み出すシステムのことを「パイこね変換」と呼びます。何度もくり返される計算が、パイ生地を引き伸ばしては畳み、また引き伸ばしては畳む作業によく似ているからです。

ここで、広げたパイ生地の真ん中あたりに何十個かのチョコチップをまとめて置いた状態を想像してみましょう。一つひとつのチョコチップの位置はだいたい同じですが、物体は重なって存在できないので、当然ながら微妙に違います。これが「初期値のわずかな差」だと思ってください。

このパイ生地をふたつ折りにして、上からパンパン叩《たた》いて引き伸ばします。それをまたふたつ折りにして、引き伸ばす。その作業を十数回くり返すと、最初はひとまとめに置いてあったチョコチップが生地のあちこちにバラバラに点在するでしょう。初期値のわずかな違いによって、作業（計算）後の位置に大きな差が生じる。これが、カオスです。

ここで大事なのは、それぞれのチョコチップが最終的にどこに行くかを予測できないことだけではありません。そこにいたるまでのプロセスを逆にたどることも不可能です。

このように、カオスな世界では「未来」だけではなく「過去」もわからない。つまり、前後の因果関係がわからないのがカオスの大きな特徴なのです。

もちろん、そこに因果関係が「ない」わけではありません。原因と結果はあるので、因果律そのものはたしかに存在しています。

しかし、そのつながり方がわからない。因果律があるという意味では、決定論的な世界ではあります。ところが、察知できない小さなノイズが全体に大きな影響を及ぼしているため、どの原因がどの結果を生んだのかを特定することができないのです。

そしてこれは、きわめて単純な操作をくり返すことによって起こります。「くり返す」ということは、操作の結果＝出力をもう一度入力に戻すということです。

このように出口と入り口をつなぎ、そのなかでぐるぐる回るループのことを「フィードバックループ」といいます。そこでは、ある原因から生じた結果がさらに原因になって別の結果が生まれ、さらにそれが原因となってさらに結果が変わる——ということが起こります。

このような状況では、「鶏が先か卵が先か」を議論しても意味がないのと同じで、「何が原因か」を追究しても意味がありません。ある状態になる原因が、何か「外」の条件で決まっているわけではないのです。もちろん、ある状態とその直前の状態のあいだには因果関係がありますが、それを過去までたどっていっても、特別な「原因」にはたどり着かない。フィードバックという「仕組み」自体によって、すべてが決まるのです。

このように、外の条件で何かが決まるのではなく、それ自身によってすべてが決まり、何かが生まれる（起こる）ことを「自己組織化」と呼びます。本書ではこれから、このフィードバックループによる自己組織化という概念がひとつのキーワードになりますので、頭に入れておいてください。

どんなに原因を究明しても再発は防げない

ともあれ、自然界がそのようなカオスなのだとしたら（実際そうなのですが）、私たちの日常的な世界観も揺らがずにはいられません。

たとえば歴史は、過去の事実を単に時系列で書き並べただけのものではないでしょう。そこでは、過去から現在にいたるさまざまな事象の因果関係が重視されます。私たちは歴史を読みながら、「この時代にXという出来事があったから、現在のYがある」といった具合に、長い時を隔てた因果関係に思いを馳《は》せるわけです。時には、「あのときおまえらの国があんなことをしたから、いま自分の国はこんな状態になっている」と他者から非難されることもあります。

でもカオスな世界では、XとYの因果関係はそんなに明確ではありません。ブラジルで羽ばたく蝶のような小さな出来事が、歴史のなかには無数にあります。それは人々に認知されないノイズにすぎず、したがって記述されることもないでしょう。しかしそれは確実に「現在」に影響を与えている。そう考えると、あるかどうかもわからない因果関係に固執して過去の経緯をとやかく問題にしすぎるのはいかがなものか、と思います。

また、事故や不祥事などの「原因究明」も、どこまで意味があるかわかりません。

たとえば航空機の墜落事故が起きれば、「再発防止」のために原因の特定作業が始まります。それによって、部品の劣化や人為的な点検ミスなどの原因が見つかることもあるでしょう。

しかし、そのような劣化やミスは、設計者や運行責任者にとって想定外だったはず。そのような「想定外」の事象はいくらでもあります。そして、それらの想定外の事象のすべてが事故につながるわけではありません。あらかじめ、何が事故につながるか想像がつかないから、想定外なのです。

だから、明らかになった原因をすべて取り除いたとしても、よく似た同様の事故は、まったく別の原因で起こり得る。つまり、同様の事故の再発を完全に防ぐことはできない。残念ながら、事故はまた起こります。

もちろん、そういう努力によって事故の起きる確率を下げることはできるでしょう。ですから、原因究明が無駄だとは言いません。

しかし、あらかじめ事故につながる可能性をすべて把握することができない以上、「なぜ防げなかったんだ！」と誰か責任者をひとり吊《つる》し上げて罰するという決着のつけ方には、違和感があります。誰がどんな努力をしても、事故が起きるときは起きてしまう。それを予測することはできませんし、リスクをゼロにすることも不可能です。個人の責任を追及しても、将来の事故の可能性を減らすことにはつながりません。むしろ、将来の事故防止に役立てるため事故調査の過程で「個人の責任は追及しない」という考え方もあります。ところが、事故に巻き込まれた被害者の感情としては当事者を責めたくなる。そういう風潮は、時代を追うにつれて強まっているようにも感じます。

おそらく本音では多くの人が、「原因究明、再発防止」というかけ声に対して「そうは言ってもね」という思いを抱いているのではないでしょうか？　いくら原因を追及しても再発を完全に防げないことは、薄々気がついているはずです。

完璧な人間はいません。人間は間違うものです。故障しない機械もありません。すべてが不完全なのです。そして、その不完全な人間や機械の集合体として社会は動いています。完全な安全を保障できる人もいませんし、完全に安全な方策を指示できる人もいません。間違ったり、故障したりする可能性の高いところでダブルチェックをしたり、機械が故障しても大事にいたらないようなフェールセーフ機構を導入したりすることで、事故の確率を減らすことはできます。しかし、事故のリスクをゼロにすることは不可能です。

自然災害に関しては、人間は基本的に為《な》す術《すべ》がありません。台風の進路の予測はある程度できるようになりましたが、それによって「身構える」余裕が生まれただけで、台風の危険を除去できているわけではありません。地震にいたっては、いつどこで起こるかわかりません。私たちにできるのは、仮に地震が起こっても、壊れにくい建物にするとか、本棚が倒れないようにすることくらいです。

結局、この世の中に「ラプラスの悪魔」ならぬ「ラプラスの神様」はいないのです。すべてを見通せる存在はありません。たしかに、人類の経験によって、ここ数十年でずいぶん安全な社会にはなってきました。自動車や飛行機の事故はかなり減りましたし、「想定される自然災害」に対しては、犠牲者もずいぶん少なくなりました。それでも、自然はときどき、私たちの想定をはるかに超える東日本大震災のような災害を引き起こします。

いまから数十年前、日本社会は現在よりもはるかに危険な社会でした。交通事故や殺人事件、さらには自然災害によって命を落とす確率は、いまより数倍高かったのです。しかし、その当時、事故や事件の原因や責任をいまほど厳しく追及していなかったように思います。どこかに、諦めの気持ちがあったのかもしれません。

それが許されなくなったのは、「物事の因果関係は必ず合理的に説明できるはずだ」という信念が、昔よりも強まったせいかもしれません。近代科学の進歩で「予測」の精度が高まるにつれて、カオスのような不確実性を受け入れにくくなっているのでしょう。

人間は成功も失敗も「運不運」で片づけたくない

自然界が予測不能なカオスであり、すべてを因果関係に基づいて合理的に説明できないことは、ローレンツやメイの発見によって、すでに半世紀ほど前にわかっていました。あまりに衝撃的な発見なので、当初は「カオスを生む条件はかなり特殊なものではないか」という希望的観測（？）もありましたが、研究が進むにつれて、むしろ自然界のどこにでも存在する普遍的なものであることが次々に明らかになってきたのです。

それにもかかわらず、一九世紀のラプラスのような近代合理主義が近年になって強まってきたように見えるのは、何とも皮肉なことです。もちろん、科学的な新しい知見が世の中に定着するのに時間がかかるのは、これに限ったことではありません。それこそ相対性理論や量子力学などの難解な理論は、物理学の世界で確立してからすでに一〇〇年ほど経《た》っていますが、世間一般に広く理解されているとはとてもいえないでしょう。

しかし、ことカオスに関しては、「難しいから理解されない」わけではないように思います。何しろ物事の因果関係が「計算不能」で未来予測ができないというのですから、どうしたらいいのかわかりません。何だか絶望的な話のようにも感じます。

そのため、ほかならぬ科学者たちも含めて、みんながカオスの話にフタをしてしまい、「見て見ぬふり」をしてきたのではないでしょうか。カオスの意味をわかっている人はわかっていたのに、それをどう扱ってよいかわからないので、「まあ、それはそれとして」と脇に置き、何事もなかったかのように過ごしてきたのです。

たしかに、「この世界は予測不能のカオスだ」と言われても、「そうなんや……」と絶句して立ち止まることしかできません。

私は京大に総合人間学部ができた当初から、学生にカオス理論について話をしています。講義のタイトルは「基礎地球科学」。宇宙がビッグバンで誕生したところから始めて、天気予報の話で締めくくるという流れです。

その講義は「自然界はカオスだから、宇宙の未来はわからない」という話で終わるのですが、講義のあとでひとりの学生が「これだけさんざんいろんな話をしてきて、最後にわからないって、どういうことですか?」と抗議してきました。その気持ちも、わからなくはありません。自分が学ぼうとしている科学の限界を突きつけられたような気分だったのでしょう。

科学者や研究者でなくとも、人間は「予測不能」の不安にはなかなか堪えられません。よいことも悪いことも、あらかじめ予想できたことだと思いたい気持ちがあります。

たとえば社会的な成功をおさめた人たちは、それを「運がよかっただけ」で片づけたくはないでしょう。自分の努力や才能や戦略などの「原因」があったから、成功という「結果」が得られたと考えるのがふつうです。

それを「成功の法則」などと呼んで体系化し、みんなに伝えるために本を書く人も少なくありません。でも、それを真似《まね》すれば誰でも同じように成功できるなんてことはないでしょう。物理法則があっても、現象の因果関係を解明できないのと同じこと。初期値のノイズで気象が大きく変わるのと同様、同じような努力をしたのに失敗した人も実際には大勢いるはずです。

しかし失敗した人は本を書かない（書きたくても書かせてもらえない）ので、その経験は「無かったこと」になっています。成功と失敗を分けたのは単なる「運不運」かもしれないのに、人はそれを見ようとしません。

事故の責任を厳しく追及するのも、被害が生じたことを単に「不運だった」で片づけたくないからです。成功には理由があったと信じたいのと同じように、失敗には運不運以外の原因があったと信じたい。だから、その原因さえ取り除けばリスクがゼロになるような気がしてしまうのです。

その意味で、人が自分の手柄を誇示することと他人の責任を追及することは、表裏一体の関係だといえるでしょう。すべてを因果関係で理解したいという願望があるから、運不運という不確実な要素を受け入れようとしないのです。確実な因果関係の存在を信じる感覚が強まってきたのだとしたら、「選択と集中」が合理的だと考える人が多いのも無理はありません。

「樹形図構造」という思考の枠組み

いずれにしろ、近代以降の合理主義に馴染《なじ》んできた現代人にとって、カオスの発見はある意味で「非常識」なものでした。それまで当たり前のことだった考え方の枠組みが通用しないので、素直に受け入れるのが難しいのです。

では、近代的な合理主義における「常識的な思考の枠組み」とはどういうものか。その根底には、ある世界観が横たわっているように思います。それは「樹形図構造」をベースにした世界観です。

樹形図とは樹木のような形の図をいいます。生物の進化の過程を示した樹形図（系統樹といいます）を見たことのある人も多いでしょう（次頁図２）。単細胞の祖先から次々に新種が枝分かれして、時を経るごとに生物界が多様化してきた様子がひと目でわかるようになっています。このように、物事の全体像を視覚的に把握するのに便利なのが樹形図です。

最近では、生物進化の過程はそれほど単純ではないことがわかっています。とくに注意してほしいのは、このような系統樹はあくまで進化の「結果」をあとから整理している、ということです。途中の試行錯誤の過程は見えません。

それでも、樹形図構造の系統樹が「わかりやすい」のはたしか。論理の流れや時系列の変化などを把握しやすいがために、私たち人間は無意識のうちに、自分たちの暮らす世界そのものが樹形図構造の秩序を持っているかのようなイメージを抱いてきたのではないでしょうか。生物の祖先種と新種が枝分かれしながらつながっているのと同じように、あらゆる物事は原因と

図２　ヘッケルの系統樹

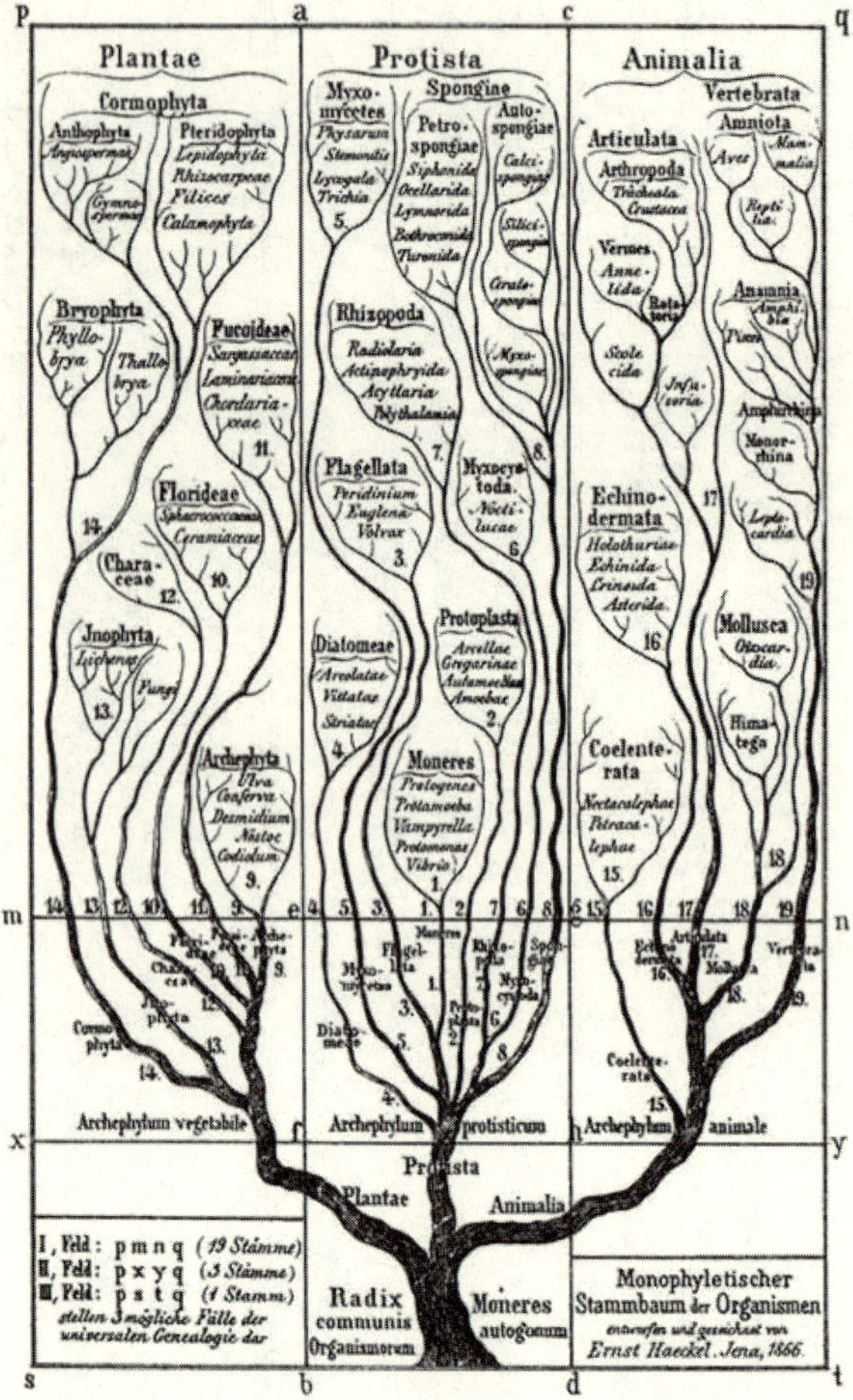
Plantae
Protista
Animalia
Cormophyta
Anthophyta
Pteridophyta
Bryophyta
Fucoideae
Florideae
Characeae
Jnophyta
Archephyta
Myxomycetes
Spongiae
Rhizopoda
Flagellata
Myxocystoda
Protoplasta
Diatomeae
Moneres
Vertebrata
Amniota
Articulata
Arthropoda
Vermes
Anamnia
Echinodermata
Mollusca
Coelenterata
Archephylum vegetabile
Archephylum protisticum
Archephylum animale
Radix communis Organismorum
Moneres autogonum
Monophyletischer Stammbaum der Organismen
Ernst Haeckel. Jena, 1866.

図3　樹形図構造

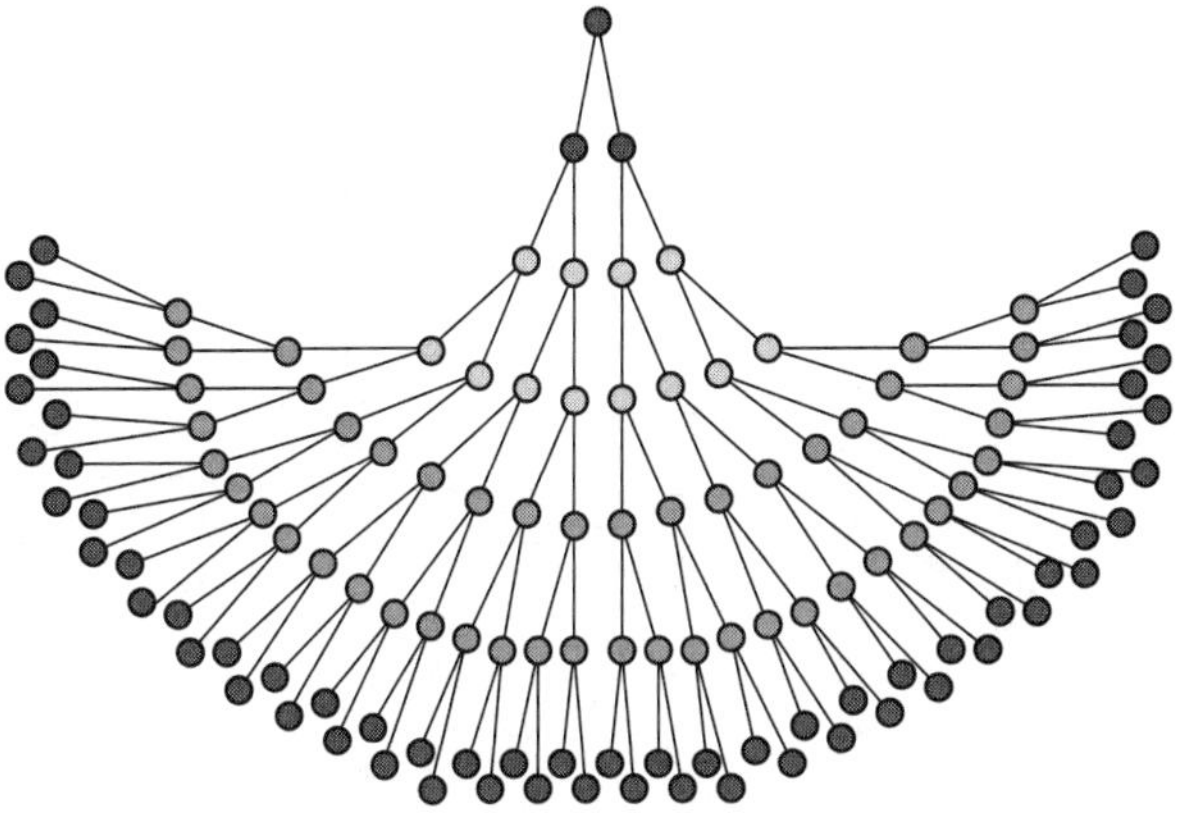

結果が複雑に連鎖することで成り立っており、その樹形図的な秩序が世の中を支配している。だからこそ、すべては論理的に説明できるはずだ——というイメージを抱くのです。

それが思考の基本的な枠組みなので、たとえば人間のつくる組織も樹形図構造になります。人間の社会構造や、学問体系の論理構造などを表現するには、図2の樹形図をひっくり返して図3のように樹木の根が広がるような形にしたほうがわかりやすいかもしれません。会社なら、トップの社長の下に何人かの取締役がいて、その下には局長、部長……と平社員まで枝分かれしていく構造になっている。さまざまな学問の体系もそうでしょう。物理学なら物理学という大きな分野が「社長」だとすれば、その下に位置する力学、熱力学、電磁気学などのサブジャンルが「取締役」でしょうか。さらにそれぞれの下には解析力学、統計力学、流体力学、光学など「部長」クラスのサブジャンルがあり、それもどんどん細分化されて、末端には数えきれないほどの専門領域が存在しています。

このような樹形図構造は、たしかに便利で合理的です。組織の樹形図構造がはっきりしていれば、何か起きたときにそれをたどれば責任の所在がはっきりするでしょう。学問を基礎から勉強するときも、全体の体系がわかっていなければ、なぜいまそれを学ばなければいけないのかよくわかりません。樹形図をたどれば、その「スタート」地点が自分の目指す「ゴール」とつながっていることが納得できます。

生物は四〇億年もカオスな世界を生き延びた

しかし、物事がすべて樹形図構造ですっかり整理できるかというと、決してそんなことはありません。たとえば組織は、樹形図の命令系統だけで完璧にコントロールできるわけではないでしょう。組織図上はまったく別の部署に属する末端の社員同士のつながりや、中間管理職を飛ばして社長と末端の社員とのコミュニケーションが重要な意味を持つこともあります。上司の言うことを忠実に聞く部下だけで構成された会社がうまく回るとは思えません。そのような会社は、うまくいっているときには非常に効率的ですが、ひとたび社長が判断を間違えると破綻します。この構造には、「トップが絶対的に正しい」という大前提があるのです。

さまざまに枝分かれした学問の体系も、樹形図にすっぽりとおさまるものではありません。上位の分野のどれとも関係があるので、どこから枝分かれしたのかわからない研究はいくらでもあります。何であれ、物事を分類しようとすると必ず「その他」の箱にしか入れようのないものが出てくるものでしょう。また、末端の研究が進むにつれて、上位（上流）の構造を変える必要が出てくることもあります。要するに、常に上から下に進むのではなく、行ったり来たりしながら、全体が変化していくのです。

樹形図構造という秩序を前提に物事を考えていると、そこに当てはまらない「例外」や「その他」の存在を無視しがちです。そして、末端が上位を変える可能性も想像できなくなります（ちなみに、樹形図構造には「フィードバックループ」も存在しません）。

しかしカオス理論は、その「例外」や「その他」がノイズとなって、システム全体に大きな影響を与えていることを明らかにしました。この世界を支配しているのは、樹形図構造のような秩序ではないことがわかったのです。そして、そのようなシステムには必ずフィードバックループが存在し、それが重要な役割を果たしている。フィードバックループの存在により、結果が原因に戻ってきてしまうので、物事の因果関係は不明瞭になります。

さらに、このようなシステムでは、樹形図構造の頂点（社長？）のような絶対的な存在がありません。それでも「システム」として何らかのまとまりを持っているのは、それが「自己組織化」しているからにほかならないのです。ノイズとそのフィードバックを無視して、自然界全体を把握することはできません。

では、一体どうすればいいのでしょう。この世が無秩序な混沌《こんとん》（カオス）に満ちているのだとしたら、人類が社会を維持していくのは難しいことのような気がします。偶然の運不運に身を委ねるしかないのでは、長期的には予定も計画も立てられません。せいぜい短期的なリスク軽減ができる程度のことです。

もちろん、それ自体は悪いことではありません。たとえ事故の直前であっても、危険を察知できれば、それを回避または軽減するための行動がとれます。この能力を持ったことで、人間はほかの動物にくらべて非常に有利に生存できるようになりました。とはいえ、この能力も長期的なリスクには無力です。予測は不可能なので、対策を講じることもできません。

しかし、ここで悲観的になってしまうのは、まさに人間が樹形図構造で物事を考えているからでしょう。その「人間らしさ」を見直せば、別の道も見えてくるかもしれません。

というのも、私たちは「人間」であると同時に「生物」でもあります。樹形図構造のなかで自然をコントロールしようとする近代文明はじつに「人間的」なものですが、そのスタイルがカオスな世界に通用しないとわかったのであれば、「生物的」なスタイルを取り入れることもひとつの方策ではないでしょうか。

この自然界は、それこそビッグバンで宇宙が誕生したときから「カオス」でした。それでも結果的に星や銀河などの構造がつくられ、そのなかに太陽系が生まれて、地球ができた。その地球に生命体が誕生したのは、およそ四〇億年前だと考えられています。つまり地球上の生物たちは、予定も計画も立てられない不確実なカオスのなかで、四〇億年もの長きにわたって生き延びてきたのです。

もちろんそのあいだに、夥《おびただ》しい数の生物種が絶滅の憂き目を見てきました。しかし多くの種が絶滅してしまうような過酷な環境であるにもかかわらず、生物そのものは何らかの形で生き残り、脈々と命をつないできたわけです。

これは、ただの偶然ではないでしょう。単に「運がよかった」というだけでは、四〇億年も滅びずに生き続けることができるとは思えません。そこには、カオスを生き延びるための戦略があるはずです。

また、そこに戦略があるのだとしたら、生物が生き延びてきた自然界には何らかの秩序があるはずです。完全な無秩序に通用する戦略などあり得ません。

でも、それは人間が考え出した樹形図構造の秩序とは違います。自然界というカオスには、それとはまったく別の秩序がある。近年の研究によって、その秩序の正体が次第に明らかになってきました。次章では、その自然界の秩序のなかで私たちが生き延びていくための道を探ってみることにしましょう。

第二章　カオスな世界の生存戦略と自然界の秩序

キリンの長い首は「結果オーライ」にすぎない

「キリンの首はどうして長くなったのか？」――進化論の話で必ずといってよいほど出てくる問いかけがこれです。シンプルな単細胞生物から始まったと思われる地球上の生命は、四〇億年もの時間をかけて、キリンやゾウやカブトムシやフジツボなどなど、同じ起源を持つとは信じられないほどいろいろな姿に進化してきました。

一体なぜ、生物はこんなに多様な形質を持つようになったのか。

その進化の果てに自分たちの存在もあるのですから、これも人間にとって、宇宙の始まりや物質の成り立ちと同様、「根源的な問い」のひとつでしょう。それを考えるときに、「キリンの首」は何よりもわかりやすいお話です。

しかしこれはじつのところ、問いかけ自体が進化論に対する典型的な誤解を含んでいます。進化論の基本がちゃんとわかっていたら、こういう聞き方はしません。

というのも、「どうして？」という質問が求める答えは、その「目的」です。つまりこの問いは、「キリンの首は何のために長くなったのか」を聞いているわけです。

でも、そこに目的はありませんでした。「高い木の葉を食べるため」と答える人もいますが、それは間違いです。キリン自身が「みんなが食べられない高い木の葉に届けば得だから、いっちょ首を長くしてみよう」などと進化を「計画」したわけではありません。

ではどうして親と違う形質の子が生まれるかといえば、それは遺伝子のミスコピー（突然変異）という「失敗」の結果です。したがって、質問者の意図とは別に「キリンの首はどうして長くなったのか？」にそのままストレートに答えるなら、「ちょっとした間違い」となるでしょうか。つまりキリンの首が長くなったのは、「目的」ではなく「結果」にすぎないのです。

突然変異を起こした子を生んだ親の世代は、首は短いけれど、その何世代も前から長く生き残ってきました。つまり、すでに生きるために有利な形質を持っていたわけです。その親の形質と違うのですから、突然変異による変化がその個体に有利に働くとは限りません。何しろ「失敗」なのですから、むしろ不利になることのほうが多いはずです。

首が長く生まれてしまったキリンが生き残って子孫を残せたのは、たまたまそれが環境に合っていた（食べやすい高い木があった）からにすぎません。もし周囲が草原や低木ばかりだったら、長い首が食事の邪魔になって生き残りにくかった可能性もあります。

ですから冒頭の質問は、「キリンはどうして首が長くなったのか?」ではなく、「どうして首が長くなってしまったのにキリンは生き残れたのか?」と問うべきでしょう。

そして、それに対するもっとも端的な答えは「結果オーライ」です。たまたま与えられた形質が運良く環境に適合していたから、生き残ることができた。教えられた道順を間違えたけれど、じつはそちらが誰も知らない近道だった、という感じでしょうか。キリンに限らず、あらゆる生物進化は「結果オーライ」にすぎません。

場当たり的で無駄の多い進化のプロセス

この「突然変異」と「自然選択」というメカニズムで生物の進化を説明するのが、ダーウィンに始まる進化論の基本的な考え方です。生物は、何か目的を持って生き方を「選択」したわけではない。環境のほうが、生き残る個体を「選択」したのです。

いや、正確にいえば、環境のほうもそれを意図的に「選択」したかったわけではありません。

生物が自分と少しずつ異なる子孫を残し、そのなかで環境に適合した個体が生き延びる確率が高いという単純な仕組みがあることで、環境変化に適応しながら進化したのです。生物にも環境にも意思はありません。あるのは「仕組み」だけです。

ところが人間はどうしても樹形図構造で物事を考えてしまう癖があるので、進化にはあらかじめ目的があったような気がしてしまいます。実際、さまざまな生物の特徴を「こういう環境で生きるために、この能力や機能が進化しました」と説明するケースは少なくありません。「両手を自由に使うために、人間は二足歩行を始めました」などというのも、そのひとつです。本当は話が逆で、たまたま二足歩行になった結果、両手が歩行とは別のことに使えるようになりました。

前章では、生物進化の歴史を示す系統樹を紹介しましたが、それも進化論を誤解させる要因のひとつでしょう。過去から順番に樹形図で整理すると、あたかも現在の多様な状態がはじめから「目的」だったかのように見えてしまうのです。

しかし進化の系統樹は、結果からさかのぼって整理した後付けの理屈にすぎません。地球の生物は、いまの状態に向かって計画的に効率よく進化してきたわけではない。それどころか、進化はきわめて場当たり的で無駄の多いプロセスでした。

そのなかでも特筆すべきは、シアノバクテリアの登場でしょう。

それは、地球上に生命が誕生してからおよそ一二億年後（いまからおよそ二八億年前）のことでした。シアノバクテリアがもたらした変化は、この四〇億年の生命史のなかでも最大級の事件です。そのショックは、恐竜を絶滅させた隕石《いんせき》の衝突と肩を並べるほど……いや、それ以上に強烈だったかもしれません。

では、シアノバクテリアはどんなことをやらかしたのか。それは「光合成」です。光エネルギーを使って水と空気中の二酸化炭素から炭水化物をつくる、あの光合成。現在の植物や藻類などにとっては、ごく日常的な生きる術《すべ》です。それを最初にやったと思われるのが、シアノバクテリアでした。

それだけ聞けば、ものすごく「役に立つイノベーション」を起こした偉大な生物のように思えるでしょう。たしかに、光エネルギーを化学エネルギーに転換するというのはビックリするようなすごい仕組みです。

しかし当時の地球で暮らしていた生物たちにとって、こいつはとんでもなく兇悪《きょうあく》な「テロリスト」でした。というのも、光合成はその過程で酸素を発生します。いまや私たちは酸素なしで生きることができないので「ありがとう、シアノバクテリア」などと感謝したくなりそうですが、当時の生物に酸素は必要ありません。それまで地球の大気には酸素がほとんど含まれていませんでした。二酸化炭素で満たされた環境で暮らしている生物にとって、酸素は必要ないどころか、強力な「毒」です。

そんなものを撒《ま》き散らすシアノバクテリアが大量に発生したのですから、ほかの生物はたまりません。大いに慌てながら、「このドアホ！」と罵りたかったでしょう。地球上の大気に酸素という「毒ガス」が盛大に広がったことによって、多くの生物種が絶滅してしまったと考えられています。そんなことが起きるのですから、生物の進化が計画性や効率性と無縁であることは間違いありません。

毒ガスを喜んで吸った「アホ」の末裔《まつえい》

しかし、毒まみれの環境でも破滅しないのが、生物のしたたかなところです。シアノバクテリアが「酸素テロ」で生物界にアホみたいな打撃を与えたかと思ったら、こんどはその毒を「うまい、うまい」と摂取して生きるアホが次々と現れました。

シアノバクテリアのせいで絶滅に追い込まれた過去の生物種から見れば、酸素を食って生きるなんて非常識もいいところでしょう。でも、非常識だろうが前例がなかろうが、目の前にあるものを使える生物が生き延びるのが進化の掟《おきて》です。高い木の葉を食べるキリンも、親の世代から見れば「非常識」だったでしょう。

結果的に、いまの地球上は（嫌気性生物など一部の例外を除いて）酸素がないと生きられない生物の天下になりました。つまり、毒ガスを喜んで吸い込む「非常識なアホ」の子孫たちが大繁栄を遂げたわけです。

そんなアホの子孫のひとつが、私たち人間にほかなりません。自分たちが「非常識なアホの子孫」であることは、カオスの世の中を生き延びる作戦を考える上で重要なヒントになります。

樹形図構造の秩序に縛られていると、「結果オーライ」の生き方はなかなかできません。まず目的を明らかにして、それを実現するために何が必要かを考えて計画を立て、それを着実に実行していく。それが「正しい生き方」になります。

しかし自然界はカオスなので、そのプロセスで何が起きるかは予測できません。みんなが二酸化炭素のなかで生きるのが当たり前だったところに、突如として酸素を吐き出すシアノバクテリアが出現したりもするわけです。

そんな環境ですべてを計画的に実現しようとするのは、どう考えても無理な相談でしょう。想定外の変化に巻き込まれる可能性は常にあるのですから、予定どおりに物事が運ぶとは限りません。

バブル経済の崩壊以降、日本社会のなかで金科玉条のごとく推し進められてきた「選択と集中」は、いうまでもなく生物進化のやり方と相容れません。それはいわば「予測と計画」のやり方です。二八億年前の地球で、二酸化炭素に満ちた大気のなかで生きていくことを前提に、その環境で役に立つイノベーションを起こそうとしているようなものでしょう。酸素で生きていくための準備など、誰もしていません。このやり方では、シアノバクテリアのような想定外の脅威が出現した瞬間に、計画が根底から崩壊します。

では、想定外の変化に備えるにはどうすればいいのか。早い話、生物の真似をしてみればよいのです。それは「選択と集中」ではなく、いわば「発散と選択」です。未来のことはわからないのだと割りきって、効率や短期的な合理性をあまり気にせず、いろいろなことをやってみる。そのなかで、うまくいきそうなものを、「ゆるく」選択する。あまりきつく選択して「集中」してしまうと、次の選択肢がなくなってしまいます。それが「生物的」なスタイルにほかなりません。

選択と集中は「無駄に効率のいい社会」をつくる

生物の突然変異は、無目的にいろいろな形で起こります。親と異なる形質で生まれた個体は、大半が環境に適応できず死んでしまったでしょう。

でもそのなかには、たまたま親よりもうまく生きられる個体がいます。酸素に囲まれても生きられるような変異体は、シアノバクテリア登場以前の時代なら、すぐに死んでしまったかもしれません。ところが想定外の激変が起きた結果、その変異は生き残りに不可欠なイノベーションになりました。

ですから、いまの常識で「役に立たない」「将来性がない」ように思えるからといって、簡単に切り捨ててはいけません。何でも手広くやっておくのが、カオスな世界における生物の生き残り戦略です。

当然のことながら、この戦略は無駄が多いでしょう。山ほど失敗が発生するので、歩留まりはかなり悪くなります。効率を重んじる人たちには我慢ならないかもしれません。それはもう、まさに「アホか……」と溜《た》め息をつきたくなるレベルの非効率です。

しかしその非効率に耐えさえすれば、「毒ガスを吸って生きる仕組み」のような大ホームラン級のイノベーションがもたらされるかもしれません。「アホ」としか思えない行動を許容することで、その可能性が出てくるのです。

もちろん、環境の変化は滅多に起こるものではないので、アホばかりではいけません。現状が続くという前提の下でうまく生きていくための堅実な行動は、やはり必要です。

でも、全員をそこに「選択と集中」させるのは賢明ではない。逆説的な言い方をすれば、それは「無駄に効率のいい社会」を生んでしまいます。

たとえば一〇人の村でお米をつくるとしましょう。「選択と集中」で全員をそこに投入すると、いま必要なお米はたくさんつくれます。とくに日本人はマジメなので、いろいろな工夫をすることで、生産効率が倍増するかもしれません。その結果、同じものを二倍つくってしまうのです。でも、お米ばかりそんなには食べられない。それに、何か環境の変化が起きてお米が凶作にでもなれば、村は全滅です。

だから、全員で同じ仕事をするのはやめたほうがいい。効率が二倍になったのなら、お米づくりは五人に任せて、残りの五人は遊ばせておくのです。単にダラダラと怠けられたのでは困りますが、自分のやりたいことをやってもらって、たとえ役に立ちそうもないことをしていても咎《とが》めない。そのうち退屈しのぎにフラフラと村の外にでも出かけていって、お米以外に何か食べられるものを探し始める連中も出てくるかもしれません。

アホなチャレンジャーが「ナマコは食える」を発見した

実際、人類はそうやって「食べられるもの」を発見してきたのだと思います。「そんなもの食えるわけないだろ、やめとけ」という常識的な意見に従わず、アホなチャレンジをする人がいなければ、私たちはいまだにナマコを食べていないでしょう。よく「ナマコを最初に食べたやつはすごい」と言われますが、その新発見はまさにアホが放った大ホームランだったのです。

当然、そういうチャレンジのなかには失敗もたくさんあったに違いありません。興味本位で毒キノコに手を出して酷《ひど》い目に遭った人もいたはずです。でも、それはそれで「これは食べちゃいけない」という貴重な知見を人類にもたらしました。それに、そもそも効率を無視して無駄を許容してこその「大ホームラン」です。

ナマコ以外にも、アホなチャレンジャーのおかげで私たちが食べられるようになった食材はたくさんあるでしょう。コーヒーやわさびなど、おそらくもともと生物にとって「毒」だったものです。そういうものが食べられるようになった結果、人類の食生活はじつに多様なものになりました。

多様性がもたらす恩恵は、「いろんな物が食べられると飽きないから楽しい」ということだけではありません。多様性があれば、ある食材が環境の変化で手に入らなくなっても、代わりに食べるものがいくらでもあります。

これは、まさに生物が生き残ってきたスタイルにほかなりません。生物が遺伝子のミスコピーという失敗を犯さず、四〇億年前から効率よく命を次の世代につなぎ続けていたら、地球上にはいまだに単細胞生物しかいなかったはずです。いや、その場合はどこかの時点で絶滅してしまい、地球は無生物の惑星になっていたでしょう（その後また生命が誕生するかもしれませんが、それでも同じことのくり返しです）。

しかし夥しい数の失敗があったおかげで、生物は驚くほどの多様性を得ました。ここでいう「失敗」は、遺伝子のミスコピーによる突然変異のことだけではありません。環境の変化への適応に失敗して、滅んでしまった生物種もたくさんあります。

それでも多様性があったからこそ、生物界では誰かが必ず生き残ってきました。未来の予測ができないカオスに対応するには、たとえ効率は悪くとも、失敗や間違いを許して多様性を確保することが大事なのです。

世界を樹形図構造で把握している限り、そういう発想は持てません。そこに樹形図構造の秩序があると思い込むと、自然界が人間のつくる組織や社会のようなものであるように錯覚してしまいます。すると、社長や総理大臣などがトップダウンで全体をコントロールできるように、自然界もコントロールできるような気がしてくる。だから、効率よく目的を達成できると考えてしまうのです。

ところが自然界には、社長や総理大臣や中央政府や神様のような意思決定機関が存在しません。だから、誰も「次にどうなるか」をコントロールしていない。誰の意思でもなく自然発生的にさまざまなことが起こり、その姿を変えていくのが自然界です。そこに樹形図構造の秩序が存在しないのは、考えてみれば当たり前でしょう。

「世間の狭さ」から始まったネットワーク研究

では、自然界は単に無秩序な世界なのでしょうか。もしそうだとしたら、あらゆる出来事がランダムに起こり、私たち人間はそれをただ受け入れるしかなくなってしまいます。

しかし近年になって、どうやらそうではないことがわかってきました。カオスは文字どおりの「混沌」ではなく、そこにはある秩序があるようなのです。

ただしそれは、「中央」や「トップ」が命令や法律によって全体をコントロールするような秩序ではありません。自然界にあるさまざまなシステムは、誰が仕組んだわけでもなく「自己組織化」を行っています。何の意思も目的もなく、結果的に「そうなってしまう」にもかかわらず、さまざまなシステムには共通の秩序があるのです。

その秩序の存在は、ネットワークの研究から見えてきました。いま「ネットワーク」というとインターネットをすぐに連想しますが、それは世の中にあるネットワークのひとつにすぎません。自然界には、もともとさまざまなネットワークがあります。

たとえばインターネット上とは違うリアルな私たちの交友関係や企業の提携関係もそうですし、航空機の路線や電線などもひとつのネットワークです。人体の内部にも脳の神経細胞ネットワークがありますし、昆虫のコロニーもネットワーク。生物界全体を見渡せば、食物連鎖というネットワークがあります。そういった多様なネットワークに、共通の秩序（構造）を見出《みいだ》すことができるのです。そのようなネットワークを「複雑ネットワーク」と呼びます。

その研究は、「世間は狭いのか?」という素朴な疑問から始まりました。

知り合ったばかりの人と話をしていて、思いがけない共通の友人がいるとわかってビックリすることがよくあります。そういうときに私たちは「世間は狭いですねぇ」と言うわけですが、では一体、どれぐらい「世間＝社会の人的ネットワークは狭い」のか。

それを調べるために、一九六七年に心理学者のスタンレー・ミルグラムがある実験を行いました。知人から知人に次々と手紙を手渡していくと、何人目で指定された最終受取人の元に届くか、という実験です。ちなみに最初の差出人はアメリカのカンザス州とネブラスカ州の住人、最終受取人はマサチューセッツ州の住人でした。

その結果、最終受取人まで届いた手紙が途中で経由した人数の平均は五人。知り合いの知り合い、そのまた知り合い……をたどっていくと、六人目で遠くに住んでいるまったく見ず知らずの相手に届くわけです。

「六人の知り合いを仲介すると、世界中の人と知り合いになれる」

そんな話を見聞きしたことのある人は多いでしょう。これは、ミルグラムの実験結果が元ネタです。世間は狭いという意味で、このようなネットワークは「スモールワールド」と呼ばれるようになりました。

なぜか正規分布しない「友達の人数」

ミルグラムの実験結果は、最終受取人まで届かなかった手紙をカウントしていなかったり、別の実験では平均値がもっと大きかったことなどもあって、数字そのものはあまり正確なものではありません。

しかし、広大なネットワークが意外に「狭い」というのは、じつに興味深い話です。そのような性質は、どんなメカニズムで生じるのか。ミルグラムの実験以降、コンピューターの性能がどんどん発達したこともあり、ネットワークの構造に関する研究が大きく前進しました。

そのなかで最近わかってきたのは、自然発生的なネットワークの「不平等性」です。

もし、ネットワークが特別な秩序のない（つまり偶然性に支配される）ランダムなものだったら、その構造は確率論的に「平等」なものになるでしょう。たとえば、私たちが社会というネットワークのなかで持っている友達の数。それがランダムに決まるのであれば、「だいたい人にはこれぐらいの友達がいる」とみなせる数字が存在するはずです。

もちろん、それが「平等」だというのは、全員に同数の友人がいるという意味ではありません。当然、友達が多い人もいれば少ない人もいるわけですが、だいたい平均値のあたりに属する人がいちばん多くなる、ということです。

たとえば、二〇代日本人男性の平均身長は一七一・五センチ（二〇一六年・厚生労働省調べ）。身長が低いほうから高いほうまでそれぞれの人数をグラフにすると、次ページの図のようになるでしょう（図4）。真ん中のいちばん高い（つまり人数が多い）ところが、おおむね平均身長になるはずです。

このようなグラフを描くものは、挙げればキリがありません。体重も当然ながら身長と同じ

図4　正規分布の典型的なグラフ

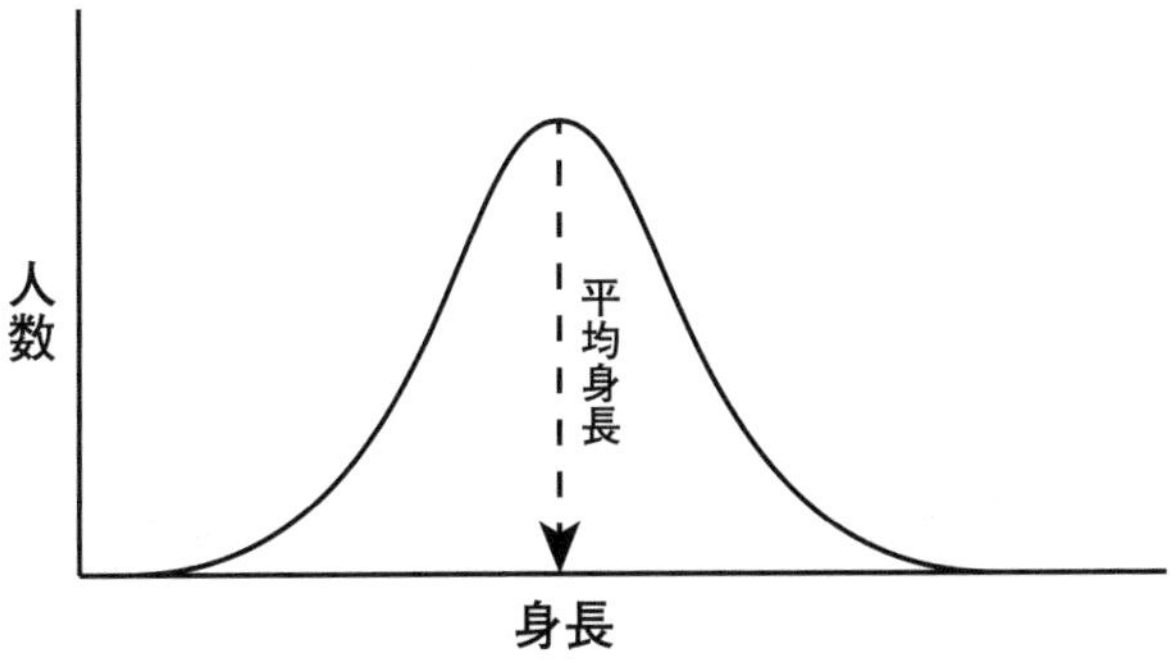

ような分布になりますし、学力テストの得点分布やバスケットボールで勝ったチームのスコアなどもそうです。ランダムに決まる物事は、どれもこのような釣り鐘型の曲線（ベルカーブ）になる。確率論や統計学では、これを「正規分布」と呼びます。

自然界には正規分布する事象がたくさんある（だから「正規＝normal」と呼ばれます）ので、友達の人数も、調べればグラフはこのようなベルカーブを描くだろうと予想されていました。友達が極端に少ない人も、極端に多い人も少数派で、多数派は中ぐらいの平均値におさまるはずだと思われたわけです。

ところが実際に調べてみると、意外にも次ページの図のような分布になっていました（図5）。右側のグラフは変数の対数をとったものですが、いまは左側のグラフだけ見てもらえばいいでしょう。正規分布と違って、真

図5　べき分布のグラフ

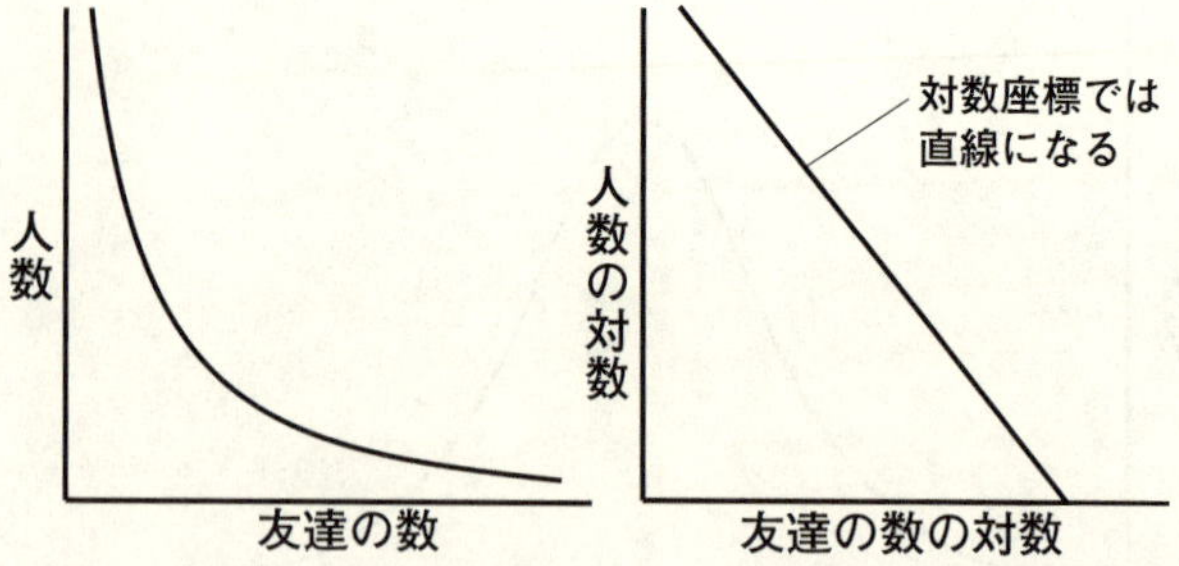

ん中にピークはありません。突出して多いのは、極端に友達の少ない人。グラフを見ればわかるように、右に行く（友達の数が増える）ほど人数は急降下していきます。そして、極端に友達の多い人がほんのわずか存在する。とてつもなく顔の広い人が少数しかおらず、友達がほとんどいない人たちがとてつもなく大勢いるのですから、ひどく不平等だと感じるでしょう。

しかし言われてみれば、たしかにそうです。自分の周囲を見渡しても、モテモテの人気者は世の中にそんなにたくさんいません。極端に友達の多い人が一握りしかいないのは、実感としてもわかります。

でもその一方で、大半の人には「多くも少なくもないけど、ほどほどに友達がいるはず」というのもごく常識的な感覚。ところが本当は、圧倒的多数が「あまり友達のいない人」なのです。何とも寂しい話ですが、これが人間社会の現実にほかなりません。

不平等な分布はさまざまなネットワークに共通

そして、このような分布は、ほかのさまざまなネットワークにも見られることがわかりました。この研究分野では、人間社会の個人にあたるものを「ノード」、友達とのつながりのことを「リンク」と呼びますが、多くのネットワークで、一部のノードが膨大な数のリンクを持ち、ほとんどのノードはほんのわずかなリンクしか持たないのです。

わかりやすい例は、インターネットのウェブページでしょう。グーグルやアマゾン、ヤフーといった巨大サイトには膨大な数のページからリンクが張られていますが、ウェブ全体のページ数から見れば、そんなサイトはほんの一握りしかありません。それに対して、無名の一般人が書くブログなどは無数に存在しますが、そこに向けて張られているリンクはごく少数です。

これは、物理的なインターネットのネットワーク構造も同じです（次頁図6）。

また、どのハリウッド俳優が誰と共演しているかを調べてみても、同様のネットワーク構造になっていました。たくさんの共演相手がいる俳優は少なく、大半の俳優はわずかな相手としか共演していない。大物の人気俳優ほど数多くの映画に出演しているのですから、そうなるの

図６　約10万個のインターネットルーターの接続図

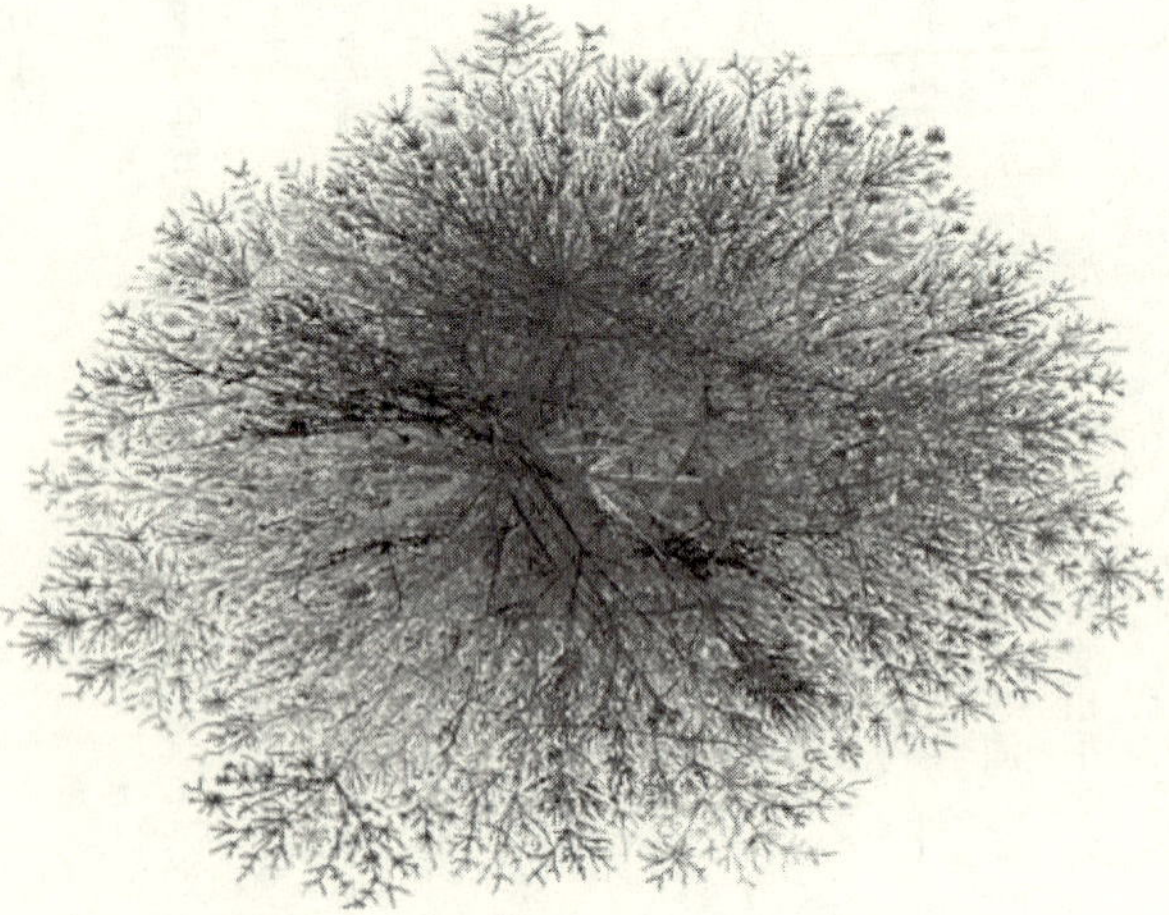

出典：Barabasi, The physics of the Web, Physics World, 2001

も当然でしょう。

私たちの学者の世界にも、似たような構造があります。それは、学術論文の共同執筆者の数。ごく一部の研究者には膨大な数の共同執筆者がいて、「ほどほどに多い」人はあまりいません。いちばん多いのは、「ほとんど共同執筆者のいない研究者」です。

ここまで挙げた例はいずれも人間がつくるネットワークなので、自然発生的な「自己組織化」のようには思えないかもしれません。しかし、いずれも誰かが意図的につくり上げた会社のような組織とは違います。それぞれのノードがそれぞれの事情で行動したら、結果的にそうなった。放っておいたら勝手にそういう構造のネットワークができあがったという意味で、これも「自己組織化」です。

そしてもちろん、人間が関与しない自然界にも同じような構造のネットワークはあります。たとえば、生物の代謝ネットワーク。大半の生物は、細胞に何百という数の代謝経路を持っています。それがお互いにリンクして、ネットワークをつくっている。その構造は、やはり人間社会の交友関係と同じようなものでした。

また、遺伝子同士がお互いに働きを調節しあう「遺伝子調節ネットワーク」や、生体内で相互作用をしているタンパク質のネットワークなども、少なくともその一部が同じような構造であることがわかっています。

こうしたネットワークの研究はまだ発展途上ですが、これまでに判明した事実だけでも、自然界の「自己組織化」の秩序を説明する上できわめて有力なものでしょう。その秩序が正規分布を示すランダムなものではないことが見えてきたのは、カオスな自然界を生きるための指針を与えてくれるじつに大きな発見だと思います。

複雑ネットワークの特徴はフラクタルと同じ「自己相似」

さて、このような不平等な特徴を持つ複雑ネットワークを「スケールフリーネットワーク」と呼びます。その名前の意味について説明しておきましょう。

正規分布は、それぞれ固有の「スケール（尺度）」を持つのがひとつの特徴です。たとえば身長なら、五〇〜二一〇センチメートル（新生児からジャイアント馬場まで）程度でしょうか。一〇〇点満点のテストの得点分布なら、〇〜一〇〇点がそのスケールになります。

正規分布のベルカーブは、それぞれのスケールの範囲でしか描けません。スケールを変えて、そのグラフのある数値の範囲（たとえば身長一八〇〜二〇〇センチメートルの部分）だけ取り出して拡大すると、まったく別の曲線になります。平均値の周辺を取り出せばベルカーブになりますが、左端に近いところをクローズアップすれば右肩上がり、右端のほうなら右肩下がりの曲線になるわけです。

では、スケールフリーネットワークの分布はどうか。面白いことに、そのグラフはどの部分を取り出して拡大しても、ほぼ同じ形になります。

たとえば、ウェブページに張られたリンクの数を示すグラフを見てみましょう（図7）。この三つのグラフは、それぞれスケールが違います。いちばん上はリンク数が一〇〇〇～一万、二番目は一万～一〇万、三番目は一〇万～一〇〇万。どこをとっても、区別がつかないほど同じ形になるのがわかるでしょう。そして、この三つを含めた全体のグラフも、同じような曲線

図７　ウェブページに張られたリンク数

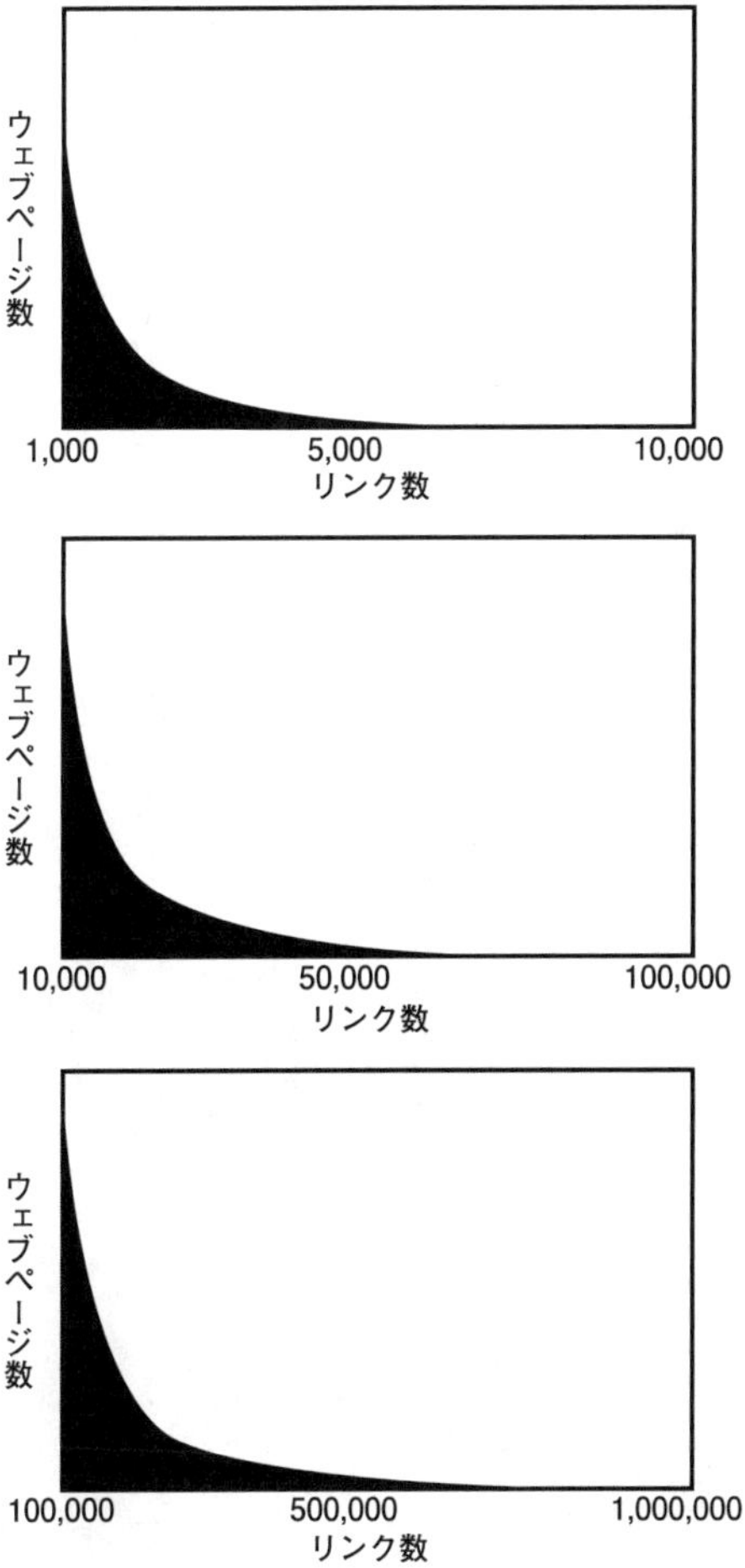

『ガイドツアー　複雑系の世界』（紀伊國屋書店）をもとに作成

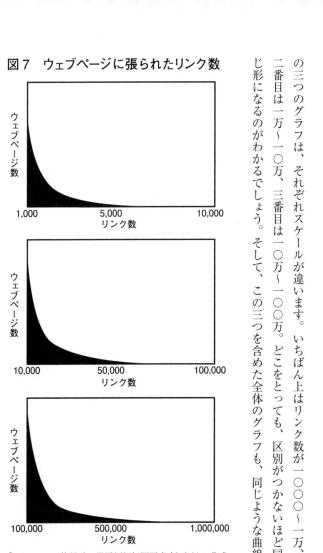

になります。つまり、どんなスケールで見ても同じ形、すなわち自己相似なのです。正規分布と違って固有のスケールがありません。だから「スケールフリー」というわけです。

これを見て、ある幾何学の概念を思い出した人も多いのではないでしょうか。そう。「部分と全体が相似形」といえば、「フラクタル」がよく知られています。シダの葉や木の枝、複雑に入り組んだ海岸線、雪の結晶、血管の分岐構造など、自然界には部分と全体が自己相似になっているものが少なくありません。株価や為替の変動を表すグラフも、一分単位の値動きから一ヵ月単位の値動きまで、どのスケールを見ても同じような形になります。

このような自己相似図形は、私たちの身の周りの自然界に、ごく自然に、そしてあらゆるところにあります。たとえば、シダの葉っぱ（図８ａ）は一見複雑に見えますが、じつは単純なコピーのくり返しで描くことができます。図８ｂはコピーのもとになる図です。これを縮小変形して四枚のコピーを取り、図８ｃのように貼り付けます。そして、これ全体をまた同じように四枚コピーを取って、同じように貼り付ける。この操作を何度もくり返すと図８ａのシダができあがるのです。全体を縮小コピーしたものを、その一部分として貼り付けているのですから、自己相似の定義を地で行くような描き方です。

ここで注意してほしいのは、やはり同じ操作をくり返すフィードバックループが存在するこ

図8　フラクタル図形

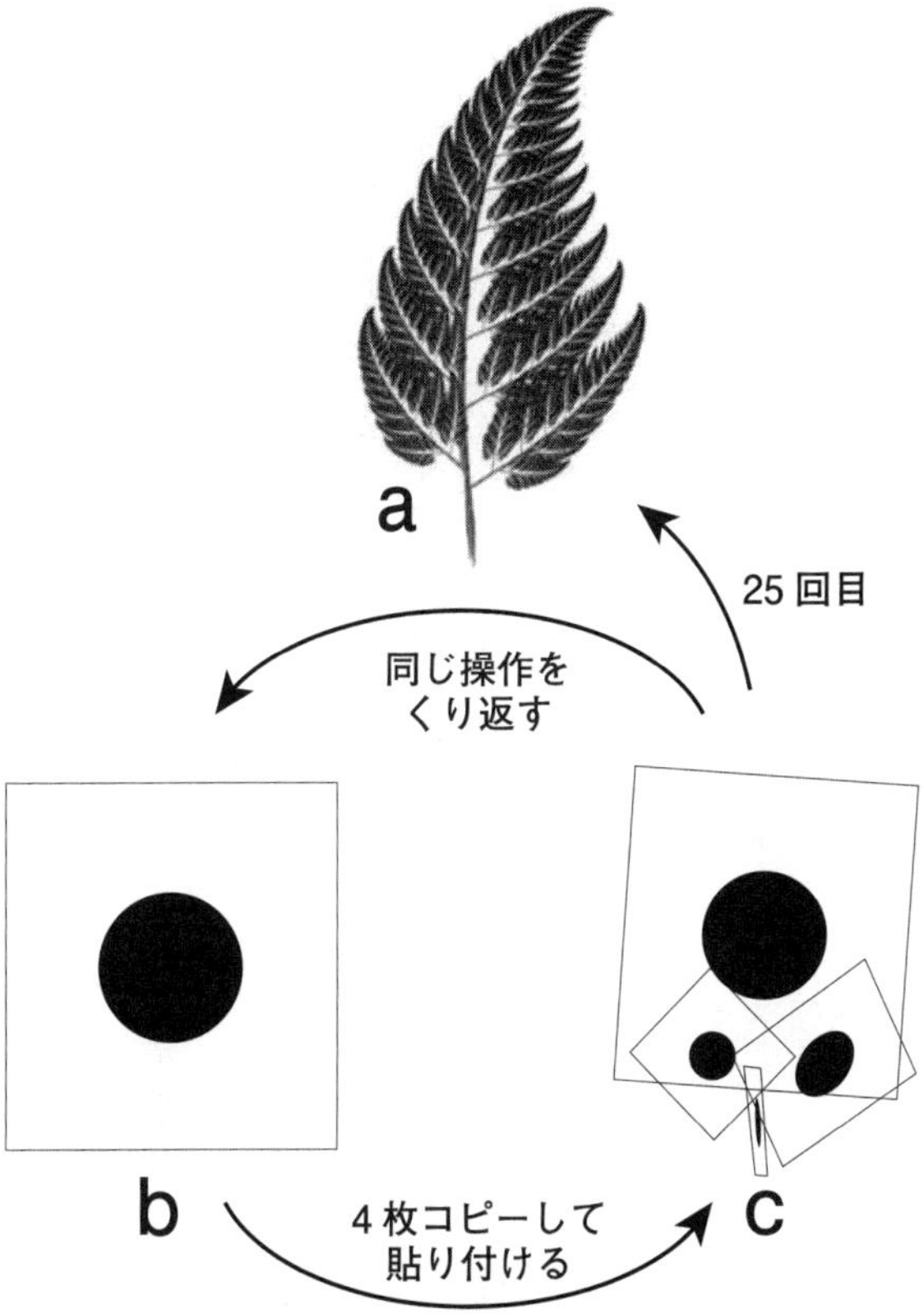

とです。そして、元となる画像（図8b）は何でもかまわない。最初の画像によってシダの形が決まっているわけではなく、コピーとフィードバックという操作によって、すべてが決まっています。ここでも、最初の入力に関係なく、システムのなかで何らかの構造が決まる、すなわち自己組織化が起こっています。

もちろん、実際のシダの葉っぱがこのようなコピー操作でつくられるわけではありませんが、このようにじつに自然な形が、単純な操作によって生み出されることは驚きです。そして、このようなフラクタル図形は自然界のいたるところに出現します。

同じ自然界に、スケールフリーネットワークとフラクタルという「自己相似」の構造が存在するのは、非常に興味深いことです。

さらに、このフラクタルとカオスは非常に近い関係にあります。一見、別物のように見えますが、じつは図1（38頁）のカオス図形（ローレンツ・アトラクター）にも、フラクタル構造が潜んでいる。フラクタルでもカオスでも（そして後述するようにスケールフリーネットワークでも）、フィードバックが重要な意味を持っています。このあたりの厳密な議論は難しいのですが、これらはよく同じようなところに顔を出すのです。そして、そのような事情から、これらをまとめて「複雑系」と呼ぶのです。

ふたつの状態の狭間《はざま》、臨界状態で生まれる秩序

ところで、スケールフリーネットワークのリンク数に見られるような分布のことを、正規分布に対して「べき分布」といいます。「べき」は「べき乗」の「べき」。「2の3乗」や「10の5乗」など「a^n」で表される値のことで、漢字では「冪乗」と書きます。

数式のことはわからなくても、これはそういうものだとだけ思ってもらえばよいでしょう。ちなみにこの関数は、図5（78頁）で示したように両方の変数の対数をとるとグラフが直線になるのが大きな特徴です。

自然界や人間社会におけるべき分布の存在自体は、一八九〇年代から知られていました。発見したのは、イタリアの経済学者ヴィルフレド・パレート（一八四八～一九二三）です。パレートは、人々の収入がどう分布しているかを研究するなかで、それがべき分布になっていることを発見しました。

パレートといえば、「八〇対二〇の法則」を思い起こす人が多いでしょう。「世の中の富の八〇%は全体のわずか二〇%の人々が所有している」とか「会社の利益の八〇%は上位二〇%の社員が生み出している」といった多くの物事に見られる偏りは「パレートの法則」とも呼ばれ

ます。これはまさに、べき分布の特徴にほかなりません。べき分布が常に「八〇対二〇」の比率になるわけではありませんが、パレートの法則の背景には、べき分布があるわけです。

ネットワークの研究が活性化する以前から、べき分布は長く研究されていました。そこでわかったことのひとつは、確率に支配されるランダムな状況では、べき分布が起こらないことです。ところが「相転移」という現象によってある秩序が生まれると、べき分布が現れる。相転移とは、物質などの状態（相）がある条件を超えたところで別の相に変わることです。

いちばん身近な相転移は、液体の水が気体（水蒸気）や固体（氷）に変化することでしょう。気体、液体、固体のなかでもっとも無秩序なのは、分子が自由に空間を飛び回っている気体です。逆にもっとも秩序がはっきりしているのは、固体。そこでは分子と分子が固く結びつき、整然とした構造をつくっています。液体は、その両者の中間的な状態です。

そのような相転移を起こす物質は、水だけではありません。たとえば磁石も、強磁性体の相転移によって生まれます。高い温度ではそれぞれ自由な方向を向いている電子のスピンが、ある温度以下になるとみんな同じ向きに揃《そろ》って磁石になるのです（図9）。

物理学の世界では、こうした相転移の臨界点のあたりで数値がべき分布になる物理量がいくつかあることが、一九六〇年代にわかっていました。その現象に強力な理論的説明を与えたの

図9　磁性体の相転移

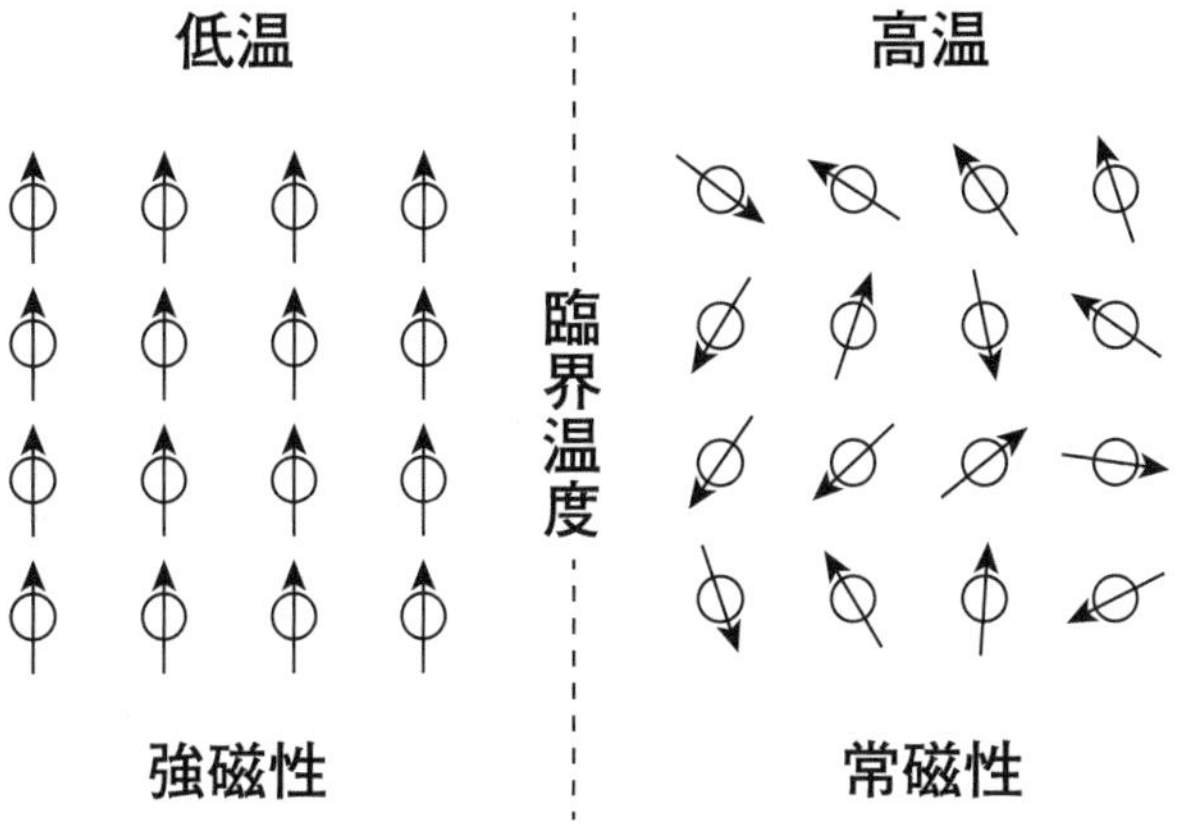

が、アメリカの物理学者ケネス・ウィルソン（一九三六〜二〇一三）です。彼の「相転移に関連した臨界現象に関する理論」は、ノーベル物理学賞を受賞しました。

その理論を支える考え方のひとつが、「スケール不変性」です。ウィルソンは、相転移の臨界点付近では物理法則がどんなスケールでも同じように成り立つと考えました。その考え方に基づいて、無秩序から秩序が生まれようとするところで必然的にべき分布が現れることを明らかにしたのです。そして、このようなべき分布は水であろうと、磁石であろうと、相転移という一般的な現象に伴って、普遍的に現れるのです。

このようなべき分布が現れるのは、実験室のなかだけではありません。自然界のべき分布で有名なのは、グーテンベルク・リヒター則という地震の頻度分布の法則です。小さな地震は非常に高い頻度で毎日起こるが、大きな地震はたまにしか起こらない。それが図5（78頁）のようなべき分布になるという法則です。これは、地震に「普通の規模」というスケールが存在せず、非常に大きな地震もまれに起こる、ということを意味しています（とはいえ、地球一周以上に長い断層は存在しませんので、当然、規模の上限はあります）。

地震は断層に力がかかって滑ることで起こりますが、その力がある一定値以下の状態では滑りません。その滑るか、滑らないか、ふたつの状態のあいだのギリギリの状態、すなわち臨界状態で地震は起こります。こういう状況では先ほどの相転移の臨界状態と同じようなことが起こります。

同じような現象は、砂山の雪崩現象や山火事の規模と頻度の関係でも見られます。砂山を高く積み上げていくと、斜面の勾配がだんだん大きくなって、ある臨界値を超えると雪崩が起こる。また山火事についても、山林の植生が生長して可燃物が増えて、それがある臨界値を超えると落雷などがきっかけで山火事が起こる。これら砂山雪崩や山火事の規模と発生頻度の関係が、地震と同じべき分布になるのです。

ここで、驚くべきことは、地震、雪崩、山火事、それぞれの現象の具体的な物理過程はまったく違うということです。それにもかかわらず、その規模と発生頻度の関係は、同じ分布になる。つまり、これは具体的な物理現象とは関係なく、何か共通の「事情」によって、べき分布が出現するということを意味します。

地震にしても雪崩にしても山火事にしても、それぞれ、滑る／滑らない、崩れる／崩れない、燃える／燃えない、というふたつの状態があって、そのあいだの臨界状態で起こる。つまり、相転移も含めて、何らかの臨界状態で出現する、非常に一般性のある特徴のように見えます。

このようなべき乗則が、人間社会を含むさまざまなネットワークにも発見されたのは、じつに驚くべきことでした。実験室のなかや自然界だけでなく、人間社会にいたるまで、同じ法則が普遍的に成り立っているようなのです。

ノードの八〇%を除去しても壊れないスケールフリー構造の頑健性

では、自己組織化するネットワークが「スケールフリー構造」という秩序を持つのはなぜなのでしょう。もちろんこれは自然発生的なものですから、生物の進化と同様、誰かがあらかじめ設定した目的があるわけではありません。しかし結果的にそのような状態に落ち着くのは、それがネットワーク全体に何らかの恩恵をもたらすからでしょう。

結論からいうと、その恩恵とは「頑健性」にほかなりません。平均的なリンク数を持つノードがたくさんある（つまり正規分布する）ランダムネットワークよりも、べき分布のスケールフリーネットワークのほうが、何らかのトラブルが起きたときに全体が壊れにくいのです。

その頑健性について理解してもらうために、スケールフリーネットワークの発見者であるハンガリーの物理学者アルバート＝ラズロ・バラバシの著書『新ネットワーク思考――世界のしくみを読み解く』（ＮＨＫ出版）に書かれている話を紹介しましょう（ここまでのスケールフリーに関する説明も同書を広く参考にしています）。

ノード同士がリンクすることで成り立っているネットワークは、ノードの故障によってつながりを失い、バラバラになってしまうリスクを抱えています。たとえば高速道路網を考えればそれはわかるでしょう。同書によれば、もしアメリカの「フロリダ東部ジャンクソンヴィルとフロリダ中部レークシティー間のハイウェイの出入り口がすべて閉鎖されたとすると、単にこれらの都市が孤立するだけでなく、フロリダ半島からアメリカの他の土地に出ることができなくなる」とのこと。こういう問題は、あらゆるネットワークに共通しています。

ではネットワークは、ノードをランダムに取り除いていったとき、どの段階でバラバラに分断されてしまうのか。たとえばインターネットなら、データ転送の経路を選択するルーターが何個なくなると、「孤立したコンピューターの集まり」になってしまうのかという問題です。

それを研究した結果、ランダムネットワークとスケールフリーネットワークとでは、大きな差があることがわかりました。

まず、数十年前から行われてきたランダムネットワークに関する先行研究によれば、ネットワークの崩壊はノードを除去するにつれて徐々に進行するわけではありません。ノードが何個か除去された程度では、ネットワークの完全性にほとんど影響がない。しかし「除去されたノード数がある臨界値に達したとたん、システムは突如として分裂し、バラバラの小さな断片になる。ランダムネットワークの故障は逆相転移の一例である」というのです。たしかに、ある臨界値を超えると秩序が失われるのは、相転移とは逆方向の相転移といえるでしょう。

では、スケールフリーネットワークはどうか。バラバシらの研究グループは、二〇〇〇年一月、インターネットがルーターの故障に対してどれだけの耐性を持つかを調べるコンピューター実験を始めました。現実のインターネットに近いマップを用意して、そのネットワークからランダムにノードを除去していく実験です。

彼らは、ランダムネットワークと同様、スケールフリーなインターネットにもどこかに臨界点が存在すると予想していました。しかし、多くのノードを除去してもネットワークはなかなかバラバラになりません。なんと、全ノードの八〇%を除去しても、残り二〇%のノードが緊密につながってネットワークを維持したのです。

「故障」には強いが「攻撃」には弱い

その後の研究で、この頑健性はインターネットだけのものではなく、スケールフリーネットワークに共通の性質であることがわかりました。大量のノードをランダムに除去してもバラバラにならないのは、ランダムネットワークとは大きく異なるスケールフリーネットワークの特徴なのです。

この頑健性は、べき分布ならではのもの。というのも、スケールフリーネットワークでは、圧倒的多数のノードがわずかなリンクしか持っていません。そして、ランダムな故障はリンクの少ないノードにも多いノードにも同じ確率で発生します。したがって、故障するノードの大半はリンク数が少ない。ほかのノードとのつながりがあまりないので、なくなってもネットワーク全体に及ぼす影響がほとんどないのです。

もし、膨大なリンクを持つグーグルやアマゾンのようなノードが大量に故障したら、インターネット全体が壊滅的なダメージを受けるでしょう。多くの航空路線が集まる世界中のハブ空港が同時に機能不全に陥ったら、航空ネットワークがズタズタになるのと同じことです。しかし故障の発生がランダムである限り、そんなことはまず起こりません。

もちろん、ハブ的なノードがひとつだけネットワークから消えることはあり得ます。それ自体がきわめて低い確率ですが、仮に起きたとしても、スケールフリーネットワークはバラバラにはなりません。

なぜなら、べき分布は「不平等」ではあっても「ひとり勝ち」の世界ではないからです。もし、たったひとつのノードが全リンクを独占し、リンクのほとんどない「その他大勢」を従えているような構造だったら、その独占ノードが除去された時点でネットワークはおしまいでしょう。

しかしスケールフリーネットワークの場合、べき分布の右端のほう、つまりリンクの多いノードの部分を取り出して拡大すれば、そこにもまた不平等な偏りがあります。大きなハブがひとつ消えても、同じぐらいの規模のハブはいくらでも存在する。したがって、ネットワークがバラバラになることはありません。

ただし、スケールフリーネットワークのこうした頑健性は、ノードの故障がランダムに起きる（大きいノードも小さいノードも同じ確率で除去される）ことが前提です。リンクの多いハブばかり狙って除去すれば、その影響は小さくありません。

バラバシらは、スケールフリーネットワークからノードをランダムに除去するのではなく、リンク数の多いノードから順番に除去する実験も行いました。最初に最大のハブをひとつ除去しても、それだけでは当然ながらシステムは壊れません。しかし二番目に大きいハブ、三番目に大きいハブ……と順番に除去していくと、ある時点でネットワークは崩壊しました。バラバシは「故障に対しては存在しなかった臨界点が、攻撃に対してははっきりと姿を現した」と述べています。

大きなハブを狙って除去するのは、たしかに軍隊やテロリストなどによる「攻撃」のようなもの。世界中のハブ空港をいくつか攻撃して潰せば、航空路線全体が甚大な被害を受けます。「故障」に対してはランダムネットワークよりもはるかに頑健である一方、「攻撃」に対してはランダムネットワークよりも脆弱《ぜいじゃく》なのが、スケールフリーネットワークの特徴なのです。

「モテる人はモテるからモテる」という不平等

以上、ネットワーク研究によってわかってきた自己組織化の秩序についてお話ししてきました。同じ「組織化」でも、人間がつくる組織の樹形図構造的な秩序と、自然発生的にできるスケールフリー構造の秩序には、大きな違いがあります。

人為的な樹形図構造の組織には明確な目的やそれを達成するための計画があるのに対して、スケールフリーネットワークには（生物の進化と同じように）目的も計画もありません。放っておけば自然に不平等な構造が生まれ、それがランダムなトラブルに対する頑健性を持つのです。「結果オーライ」という意味でも、生物の進化と似ているといえるでしょう。どちらも、目的や計画がないからこそ、ランダムに生じる変化――何が起きるか予測できない不確実な未来――に備えることができるのです。

さらにバラバシは単純なモデルを使って、どのような要素が自発的にスケールフリー構造を生み出すのかを調べました。その結果、ふたつの要素が必要であることがわかったのです。

ひとつは、ネットワークが成長するということです。これは、ランダムネットワークのように、あらかじめ用意した一定の数の「点」（ノード）をランダムに「線」（リンク）でつないでいくのではなく、既存のネットワークにノードを追加すると同時にリンクも追加していくということ。そういう「成長」によって、最初に追加されたノードとあとで追加されたノードは平等ではなくなります。当然、最初に追加されたノードのほうがリンクを獲得する確率は高くなるのです。

もうひとつの要素は、新しく付け加えたノードを既存のノードをリンクする際に、既存のすべてのノードに等しい確率でリンクするのではなく、既存のノードが獲得したリンク数に応じて新たなリンクをつける確率を決めるということです。こうなると、一度多くのリンクを獲得したノードはさらに有利になり、あとから付け加えられたノードがそれを逆転することがほとんど不可能になってしまいます。

しかし実際には新規参入者が老舗を追い越すことはよくあります。そこで、バラバシはリンクをつける確率を単にその時点のリンク数だけでなく、そのノード固有の「適応度」にも比例するようにしてみました。これは、それぞれのノードが持つ固有の能力のようなもので、同じリンク数でも新たにリンクを獲得する能力に差がある、ということを表すものです。

すると、新参者にもチャンスが生まれ逆転することができるようになりました。これは、リンク数以外に、ある種の競争原理を持ち込む仕組みといってもいいかもしれません。その競争によって、一番手が変わり得る柔軟なモデルをつくることができたのです。

それでも、多くの場合、ネットワーク全体の構造は、スケールフリー構造を維持しました。すなわち、いちばんたくさんリンクを獲得したノード以外にも、二番手、三番手がそこそこの数のリンクを獲得し、スケールフリーネットワークとしての頑健な性質は保たれることがわかったのです。これは重要なことで、ネットワーク全体の構造を変えることなく（つまり、リンクを全部つなぎ変えるような「革命」を起こさなくても）、「適応度」のようなパラメーターの変化によって、柔軟にトップ交代が可能であることを示しています。

ただし、あまりに「適応度」に差がありすぎると「ひとり勝ち」状態が生まれ、ほとんどすべてのリンクをひとつのノードが独占し、ほかのノードはすべてその王者につながるという、まったく別の構造が現れます。こうなるとスケールフリー構造の柔軟性は失われ、非常にもろく危険な状態になってしまう。これは、一種の相転移です。適応度の分布によって、ネットワーク全体がスケールフリー構造を持つか、ひとり勝ち状態になるかが、きっぱり分かれてしまうのです。

このバラバシのモデルが、人間社会をすべて表現しているわけではありません。しかし、いろいろな事情が交錯する実際の人間社会のある種の特性が、このようにじつに単純な理由（しかも、それは自然界でも成り立つような非常に普遍的な理由）で出現しているのかもしれない、というのは非常に魅力的であり、かつ、示唆的です。

不平等な構造が、ネットワークの柔軟性と頑健性を生み出しているということは、「不平等」

には意味（メリット）があるわけです。そして、その不平等を生み出すのは「モテる人はモテるからモテる」というような、ある意味、理不尽な仕組みによるのです。もちろん逆転は可能とはいえ、それも適応度が高いほど早くモテるといった理不尽な仕組みに依存していることは間違いありません。そして、そこに「美しさ」、「カッコよさ」のような価値観や、「正しい」「誤り」といった絶対的基準はない。あらかじめ何かの基準や価値観がないところに、何らかのルールのようなものができあがるのが、自己組織化の特徴です。平安時代の美人の基準が現代と大きく異なるといわれるのも、このような事情によるのかもしれません。

正義感の強い人には受け入れがたい話かもしれませんが、現にこれだけ私たちの社会にスケールフリー構造（すなわち不平等）が存在するということは、それを受け入れないと柔軟かつ頑健な社会を維持できないということでしょう。ただし、不平等にも限度があります。たとえそれがある種の実力に基づく基準であったとしても、極端すぎる差をつけると逆にスケールフリー構造を崩壊させ「ひとり勝ち」の社会が出現してしまう。これは柔軟性のない危険な状態です。これを防ぐために、私たちは知恵を絞る必要があるのだと思います。

「生き物」と「ロボット」の中間にいる人類

人間社会にスケールフリー構造やべき乗則が見出せるからといって、私は社会秩序をすべて自己組織化に任せるべきだと言いたいわけではありません。それでは野生生物と同じになってしまいます。カオスな世界を生き残るには生物的なスタイルが必要だとしても、人間社会には人間社会にしかない事情もいろいろあります。

まず、自己組織化によってできあがった社会のルールは正しいとは限りません。正しかろうが間違っていようが、いったん広まってしまう（多数のリンクを獲得してしまう）と、それから逃れるのが難しくなります。風評被害を払拭するのがきわめて難しいのは、そういうことでしょう。また、意味不明の「ビジネスマナー」のようなものが蔓延《まんえん》するのも、自己組織化する社会の仕組みがあるからではないかと思います。

何が正しいかわからなくても、自然界のなかでは、いろいろなルールを進化させた社会のなかで、もっとも適切なルールを持った社会が生き残るでしょう。それが進化論的には「正しい選択」になるわけですが、人間社会でそんな壮大な実験をするわけにはいきません。そこは理性というおそらく人間にしかない能力を発揮すべきところです。その理性とは、人間社会が持てる知恵を体系的に整理したもので、きわめて論理的に整然としており、基本的に樹形図構造の体系を持っています。人間は、スケールフリー構造の仕組みだけに頼らず、樹形図構造の理性によって、ほかの生物より有利な競争ができるようになったのです。

しかしその一方で、この樹形図構造システムが「未来は予測可能」であることを前提にしていることも間違いありません。自然界が未来予測不能なカオスであることがわかった以上、樹形図構造の発想だけで切り抜けるわけにはいかないでしょう。カオスに耐えるための備えが必要です。

カオス理論が登場した時点では、ただ「未来は予測できない」と言われただけだったので、それにどう対応してよいか誰もわかりませんでした。でも、いまはそのカオスな世界にもスケールフリー構造という秩序があることが見えてきた。ランダムなトラブルに強いスケールフリー構造は、予測不能な未来に対応できるだけのポテンシャルを持っています。これを人間社会に活《い》かさない手はありません。

整然とした体系を持つ樹形図構造と違い、スケールフリー構造はきわめて場当たり的で無節操、無計画かつ非論理的なものです。効率も悪くて、無駄が多い。会議などで「おまえはアホか」と誰にも受け入れてもらえない提案は、たいがいこのうちのいくつかを持っています。そんな要素のすべてを兼ね備えているのが、スケールフリー構造の秩序にほかなりません。

しかし自然界は、そういう場所なのです。人間は生物でもあるのですから、場当たり的で非論理的な「アホ」も受け入れる必要があるでしょう。樹形図構造の秩序だけで生きていこうと思ったら、生き物であることを捨ててＡＩ搭載のロボットのような存在になるしかありません。そして、ロボット化した人間社会はカオスな世界の変動に耐えることができず、いつか滅びてしまうでしょう。計画経済の社会主義体制が長続きしなかったことからもわかるように、設計主義だけでカオスを生き延びることはできないのです。

ある意味で、人間はカオスの世界を生きる「生き物」と、ルールに則り行動する「ロボット」の中間に位置するハイブリッド的な存在なのだと思います。だとすれば、「生物的」なスケールフリー構造と「ロボット的」な樹形図構造を必要に応じて使い分けなければいけません。

人間はカオスな自然界のなかから、決定論的な法則性を見つけ、近代文明を築いてきました。それが人間と野生生物の決定的な違いです。しかし、自然界にはその決定論的法則を無効にして、カオスを生み出すメカニズムが存在する。そのカオスのなかには決定論的秩序とは別の秩序が存在し、それによって絶滅を防ぐ仕組みになっていたのです。これは、自然界のなかで生物として生きるための掟にほかなりません。

人間として生きることと、生き物として生きることのあいだには、解消しようのない矛盾があります。樹形図構造はそういう矛盾を許そうとしませんが、まずは矛盾があることを認めるのが大事。そうすれば、何を計画的に進めるべきで、何を場当たり的にやるべきかといった見極めができるはずなのです。ある意味で、私たち人類は一種の臨界状態で生きているのかもしれません。

ずいぶん大きな話になってしまいましたが、こうした発想が、本書のメインテーマである大学改革や学術研究の問題にも必要です。次章からはその話に戻りますが、「選択と集中」ではうまくいかず、「アホ」を自由に走り回らせたほうが未来を切り開けるのは、私たち人間が、スケールフリー構造やカオスを生む「臨界状態」の世界の生き物だからなのです。

第三章　イノベーションは「ガラクタ」から生まれる

「教養」とは何か

人間がロボットと生き物の中間にあるような存在であり、社会のなかの樹形図構造とスケールフリー構造をはっきり意識して行動すべきだとしたら、大学は社会のなかでどのような役割を果たせばよいのでしょうか？

第一章でも少し触れましたが、学問体系は樹形図構造になっています。「自然科学」「人文科学」「社会科学」といった大きな枠組みの下に理学、医学、工学、哲学、法学、経済学といった学問領域があり、それがさらに多様な専門分野に枝分かれするのです。大学の学部や学科も、基本的にはその体系をなぞった構造になっているでしょう。

しかし大学の教育内容には、その体系には当てはまらないものもあります。少なくとも一九九〇年代までは、ほとんどの大学に「教養課程」がありました。すべての学部の学生が入学後二年間は同じ教養部に所属し、そこで基礎教育を受けていたのです。ちなみに私が「アホなことせい」と言われたのも、この教養部時代でした。また、いまの私が所属する総合人間学部／大学院人間・環境学研究科は、この教養部が母体になっています。

京大を含めた多くの大学で、教養部は一九九〇年代に廃止されました。その経緯については次章で詳しくお話ししますが、廃止された理由を端的にいってしまえば、その存在意義がよくわからなかった——ということになるでしょう。

大学設置基準など、建て前の上では「豊かで柔軟な人間性の涵養《かんよう》と、広く深い見識を身につけることで、専門課程で学ぶための基本的素養・能力を養うことを目的とする」ということになっていました。しかし正直なところ、教養部の教員（私もその一員でした）でさえ、教養の意味を十分な説得力をもって説明することができなかったのです。

「そりゃあ、教養はないと困るやろ」

「せやなぁ、あったほうがええわ」

そんなふうにボンヤリと教養の重要性は認識しているので、はっきりと「教養なんかいらん」と言う人はあまりいません。しかし「それは本当に必要なのか？　無駄じゃないのか？」

と批判的に問われると、何と答えていいかわからない。たしかに教養はすぐには役に立ちませんし、学ぶ目的も判然としないからです。そもそも明確な目的があったら、それは実質的に「専門」になってしまうかもしれません。目的がないからこその「教養」なのです。

決まった体系のない「教養」はスケールフリー構造の知識？

教養がとらえどころのない印象を与えるのは、専門的な学問と違って決まった「体系」がないからでしょう。誰もが「教養のある人」と認める人間はたくさんいますが、それぞれの教養の中身はてんでんばらばらで、ほとんど共通点はありません。万人向けのワンセットを揃えて、「はい、これが教養でございます」と出すことができないのが、教養というものです。

しかしその中身を共有してはいなくても、「教養人」と呼べる人たちには何らかの共通項がありますし、「教養のない人」との差も明らかでしょう。その差は、知識量そのものの差ではありません。豊富な専門知識を持っていても、「教養のない人」はいくらでもいます。

では一体、その違いは何なのか。たとえば、ひとつの見方だけに固執せず、まったく異なる角度から物事を見ることができる。あるいは、想定外の質問にアドリブで柔軟に対応できる。そんな人と会うと「教養があるなぁ」と思ったりします。だとしたら、なぜそんな能力が必要なのでしょうか？

昔から「無用の用」というように、一見無駄に思えることがじつは重要ということは少なくありません。また、合理的に判断したつもりなのに結果が悪くなることはいくらでもあります。ところが、とくに深く考えていなかったのに「犬も歩けば棒に当たる」みたいな結果オーライになることもある。それは多くの人が経験的に知っているでしょう。つまり、理性的に考えればすべてうまくいくわけではないのです。

ここで「理性的に考える」とは、決定論的な思考を意味します。ところがカオスな世界では、因果律を積み上げた体系的知識（樹形図構造の知識）はどこかで破綻してしまう。そのときに必要になるのが、いわゆる教養なのではないでしょうか？　だとすれば、教養とは樹形図構造の「外側」にある知識だとみなすこともできるでしょう。これは、因果律に基づいた樹形図構造的世界観では表現不能です。だから、「教養とは何か」を論理的に説明するのは難しいのだと思います。

前章で述べたように、カオスな自然界には自然発生的な秩序があることが見えてきました。そこには、図３（55頁）のような樹形図構造とは違うスケールフリー構造があります。それは図６（80頁）のように雑然とした構造をしています。ならば、教養と専門知識の違いも基本的な構造の違いで理解できるのではないでしょうか。体系的な学問が樹形図構造の知識であるのに対して、体系のない教養はスケールフリー構造の知識だといえるのかもしれません。

樹形図構造の知識体系を集めても全体は理解できない

もし自然界がスケールフリー構造になっているなら、それを網羅する知識もスケールフリー構造になっていると考えるのが自然です。しかしスケールフリー構造は複雑なネットワークをつくるので、それをそのまま学ぼうとしても、混乱するばかりでうまく呑み込めません。人間の頭で理解を深めようと思ったら、何らかの形で整理する必要があります。

そこで、スケールフリー構造の自然界を切り分けて各部分ごとにまとめ、論理的かつ効率的に考えられるようにしたのが、既存のさまざまな学問体系だったのではないでしょうか。これは、自然界に対する理解を深めて研究を前進させていくのには、大いに役立ちます。

ただし、本来はスケールフリー構造のものをいささか強引に樹形図構造に変換しているので、自然界を完全に表現できているわけではありません。細かなことは無視したり、よくわからないことは「なかったことにする」など、かなりの「理想化」がされています。

それに、どう切り取ってもどこにも分類できない「その他」がたくさんあるので、すべての学問体系を寄せ集めてくっつけても、自然界を覆うスケールフリー構造の全体像を再現することはできないでしょう。いずれにしても、樹形図構造の学問体系で整理できるのは、自然界のごく一部にすぎません。もし、そういう学問の専門知識を集めただけで、人間が自然界のすべてを理解できると考えるとしたら、それは傲慢すぎます。

その傲慢さが招いた悲劇のひとつが、二〇一一年三月一一日の東日本大震災かもしれません。何度も津波に襲われた三陸海岸では、過去の経験から巨大な防波堤や防潮堤が築かれていました。人々は「万里の長城」と呼び、これが津波によって破壊されることは想像していなかったでしょう。

ところが、べき乗則が支配するスケールフリー構造の自然界では、それが起こる。自然は人間の「想定」など、軽々と超えてくるのです。そして、樹形図構造の学問体系だけでは、「想定外」の事態に対応できないのです。

そんな学問体系の限界をカバーするのが、教養にほかなりません。論理的な体系を持たないからこそ、教養はさまざまな学問体系のあいだにある隙間を埋めたり、離れたところにある複数の学問体系をつなげたりすることができます。また、樹形図構造の外側にある未知の世界を想像することもできるのです。

その教養が人類にとって大事なのは、それが無節操で非論理的で、一見すると無駄にしか思えないものだからです。かつて大学の教養部は「これは無駄なのでは?」と批判されて廃止されましたが、じつはその「無駄」こそが教養の存在意義だということになるでしょう。

じつは対立しないニュートン光学とゲーテの色彩論

スケールフリー構造の自然界を理解するために、人類は局所的に因果律を整理して樹形図構造の学問体系をつくりました。ただし、自然の同じ現象を記述する樹形図構造の体系は必ずしもひとつとは限りません。

たとえば「色」という現象を、物理学では光の波長の違いによって説明します。でも、「色」を説明する分野は物理学だけではありません。色彩学という、まったく別の体系もあります。こちらはゲーテの「色彩論」から始まりました。

色彩学では「赤」の反対色は「緑」ですが、物理学では色に関して「反対」という質的な概念はありません。逆に、物理学では「赤」のほうが「緑」より波長の長い光ですが、色彩学では色に「長さ」や「大きさ」といった量的な概念はありません。同じ「色」に関する体系ですが、ニュートンの光学に始まる物理学としての体系と、ゲーテの色彩論のような知識の体系は、

図10　ニュートン光学とゲーテの色彩論

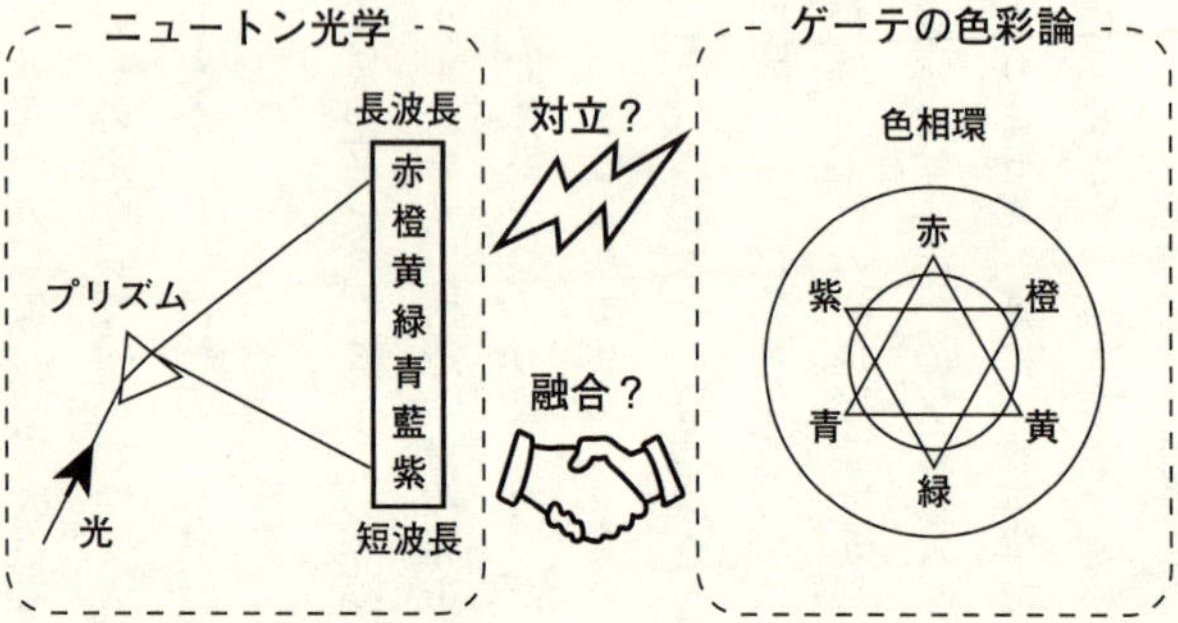

まったく別物です（図10）。

もともとゲーテは、ニュートンの光学を敵対視していたといわれます。物理的光学と色彩学は、対立するものだったのです。しかし、それぞれの使い途がまったく違うわけではありません。たとえばカラーテレビを実現する上では、物理学も色彩学もなくてはならない基礎的な知識でした。対立的な関係のように見えるふたつの学問は、じつは両立するものだったわけです。

相互の関係がはっきりわかってきたのは、ニュートンやゲーテの時代よりもずっとあとのことでした。網膜、視神経や脳の研究から、光の情報がどのように脳に伝えられているのかが徐々に明らかになり、そのあいだに情報がどのように変換されていくのか数学的な対応がつけられるようになってきました。結局、ニュートンとゲーテのどちらかが正しいのではなく、どちらも正しかった。

「色」をめぐる知識体系は、単純な樹形図構造ではなかったのです。

ふたつの樹形図体系を会社にたとえると、こうなるでしょうか。色に関する世界にふたつのまったく性格の異なる会社が存在して、それぞれの社長であるニュートンとゲーテはきわめて仲が悪い。でも、末端の従業員同士は、それぞれの取引先である別の会社（数学、生理学）を通して面識があり、けっこう仲がよかったりします。「色業界」が敵味方のふたつに分かれているわけでもなければ、ひとつの原理で統一されているわけでもありません。それぞれ表向きは異なる（もしかしたら敵対する）建て前を掲げながら、裏では手を結んでいる。ある意味で気持ち悪い世界かもしれませんが、それが現実です。その気持ち悪さを受け入れなければ、カラーテレビという素晴らしい技術は生まれませんでした。

数学はなぜ「役に立つ」のか

ここでちょっと個人的な思い出話をしましょう。あれは私が小学生のときのこと。愛読していた『子供の科学』という雑誌（一九六八年五月号臨時増刊）に、「電子計算機の演算回路の研究」という記事が載っていました。トランジスタのような部品を使わず、物理的なスイッチとダイオードだけで足し算と引き算ができる回路をつくった中学生の研究発表です。

これを読んだ小学生の私は、「それが何の役に立つんだ」と腹を立てました。スイッチをパチパチやって足し算ができたからって、そんなの暗算でもできるんだから大して役に立たないじゃないか、と思ったのです。当時の私にとって、電気を使った工作は「車が動く」とか「ラジオから音が鳴る」など、利便性や楽しさを生み出すものでなければなりませんでした。

それから一〇年近く経って大学生になった私は、物理学実験で論理集積回路（デジタルIC）というものをはじめて手にしました。自分の手が震えたのを覚えています。小学生のとき、あれほど心のなかでバカにした「演算回路」が、いま私の手のなかにある。そして、それが世の中の花形になろうとしていたのです。新しい知識や技術が、現実の世の中で役に立つかどうかを見極めることが、いかに難しいか。それを思い知らされた瞬間でした。

よく、役に立たない学問の代表例として数学がやり玉にあがります。たしかに、多くの数学者は自分の研究が世の中の役に立つかどうかなんて、まったく気にしていません。

たとえば0と1のデジタル演算は、ブール代数という数学が基礎になっています。この代数学は一九世紀にジョージ・ブールという数学者が考案したもので、当然そんな時代に計算機などありません。ブールは命題の真偽を演算によって処理するという、一部の数学者しか興味のなさそうなことを考えていたようです。二〇世紀に入ってから本来アナログな電子回路にブール代数を応用して、数値の計算に使われるようになったわけですが、これはもともとのブール代数の目的外使用です。ブールも自分自身が考えた代数学がこんなところで使われるようになるとは、思いもよらなかったに違いありません。

でも、だからこそ数学は役に立つのです。もともと(現世利益的な意味では)目的がなく、抽象的な世界で閉じているので、数学は道具としての応用範囲がきわめて広い。だから、何にでも使えます。まったく異なるニュートンの光学とゲーテの色彩論をつなぐためにも、数学は非常に重要な役割を果たしました。

とはいえ、両者をつないだのは数学者ではないでしょう。数学者は、具体的な問題には興味がないからです。もし、数学者が現世利益を意識して学問体系をつくり上げていたら、制約ばかり多くて使いにくい道具になってしまったに違いありません。数学は数学で抽象的な世界のなかで独自に進化し、そのなかで美しい体系が整えられてきた結果、それを応用してニュートンとゲーテを結びつけられるようになったのです。

ガラクタ知識が思わぬところで役に立つ

個々の学問体系はそれぞれ論理的に組み立てられているので、基本的に樹形図構造になります。その学問体系が思わぬところでつながっていることがありますが、個々の学問だけを理解していても、そのつながりは見えてきません。もっと広い自然界や人間社会を含む世界に思いを馳せることで、そのつながりを見出すことができるのが「教養」ではないでしょうか。

もちろん、どんなに教養ある人でも、世界のすべてを知っているわけではありませんし、将来どのような知識が役に立つかを予測できるわけではありません。でも教養人は、いまは役に立たないと思える知識でも、いつか役に立つ可能性があることを知っている。だから役に立たないガラクタ知識をいっぱい持って、それが思わぬところで役に立つときが訪れるのを楽しんでいるのだと思います。

第二章で臨界状態の話をしましたが、ガラクタ知識にも、ある臨界状態のような現象があります。ガラクタをひとつやふたつ持っていても何も起こりませんが、たくさん持っていると、突如としてそれが雪崩のようにつながることがある。何をきっかけにその雪崩が起きるかは、まったくわかりません。たいてい、間違いや偶然といった予想外のことがきっかけで起こります。これはとてもエキサイティングな出来事で、教養のある人ほどそのような経験を何度もしているはずです。

独立したものが多数集まったとき、ある密度を超えると急激につながり出すという現象は、

図11　パーコレーション

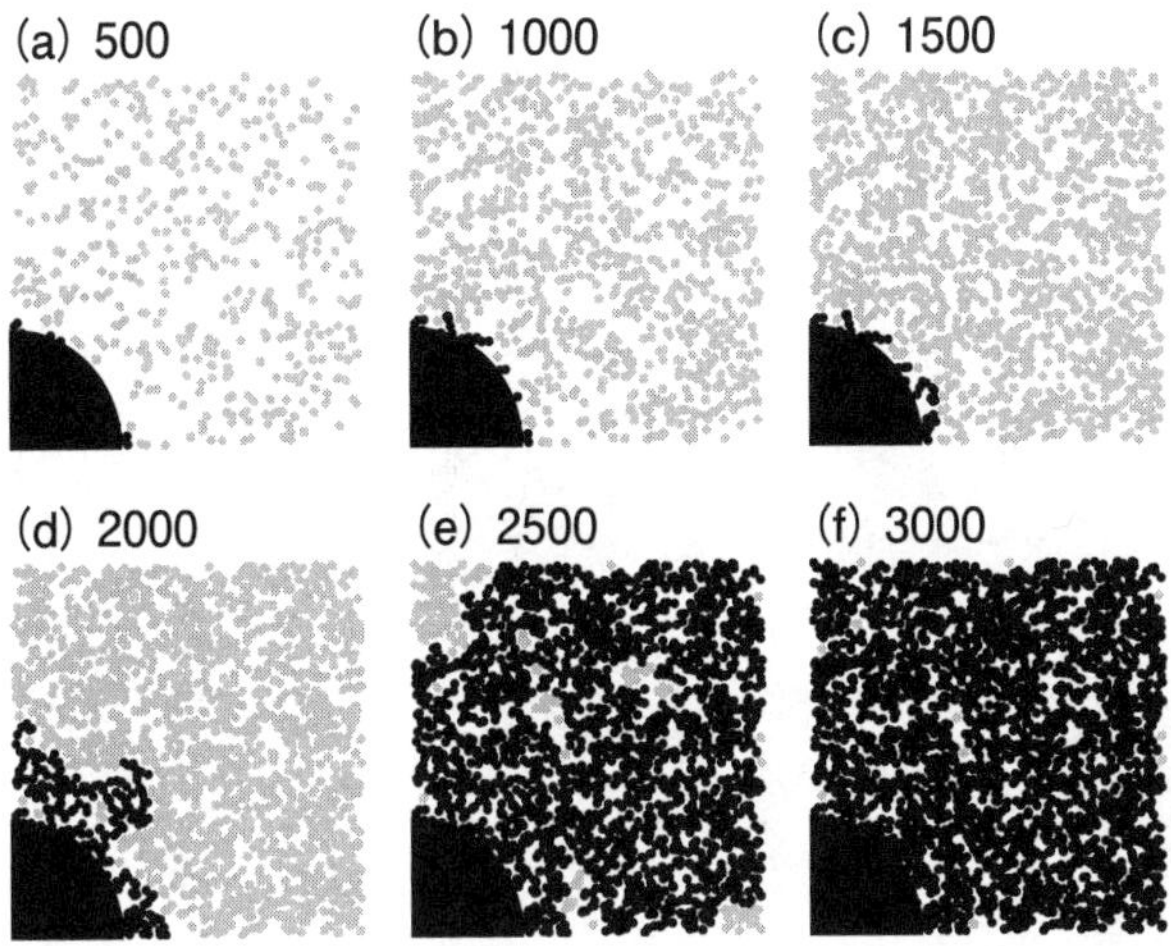

複雑系の世界ではパーコレーションと呼ばれています。たとえば図11（a）には、左下の大きな黒い領域と、小さなたくさんのランダムな灰色の点（五〇〇個）があります。この黒い領域を役に立つ知識の塊と仮定しましょう。小さな灰色の点は役に立たないガラクタです。このガラクタが黒い領域とつながると、「役にたつ知識」すなわち黒色に変わるものとします。この状態に新たにランダムなガラクタ五〇〇個を加えたのが（b）です。ほとんど何も変わりません。さらに五〇〇個加えます（c）。ガラクタ同士がくっついて、いくつかつながるところが出てきますが、黒い領域はほとんど変わり

ません。そこにさらに五〇〇個加えます（d）。こんどは、少し黒い領域が増えました。さらに五〇〇個加えます（e）。なんと、一気にほとんどすべてがつながり、ほぼ全体が黒い領域になりました。ガラクタの密度がある臨界値を超えると、一気にほとんどすべてがつながってしまう。これも一種の相転移です。

イノベーションとは、まさにこうして起こるのではないでしょうか？　ひとつのアイデアが何かとつながって新たな価値を生み出し、さらにそれが別の何かにつながるというような連鎖反応が起きて、社会全体が大きく変わっていく。つまり一種の相転移を起こすのがイノベーションだと思います。突拍子もないアイデアひとつを出しても、周りにそれと反応する「何か」がなければイノベーションは起こりません。

ここで、（d）から（e）のあいだで加えたガラクタ五〇〇個に特別な意味があるわけではありません。図12は、図11（d）の状態に、異なるふたつのランダムな五〇〇個のガラクタセットを加えたときの状態です。加えた点はまったく異なるのですが、ほぼ同じ結果になっています。しかし、これらの五〇〇個の点を、図11（a）の状態に加えても、このような相転移は起こりません。

つまり、相転移のきっかけは、なんでもよいのです。だから、間違いや失敗がそのようなき

図12　違うガラクタでも、ほぼ同じ結果

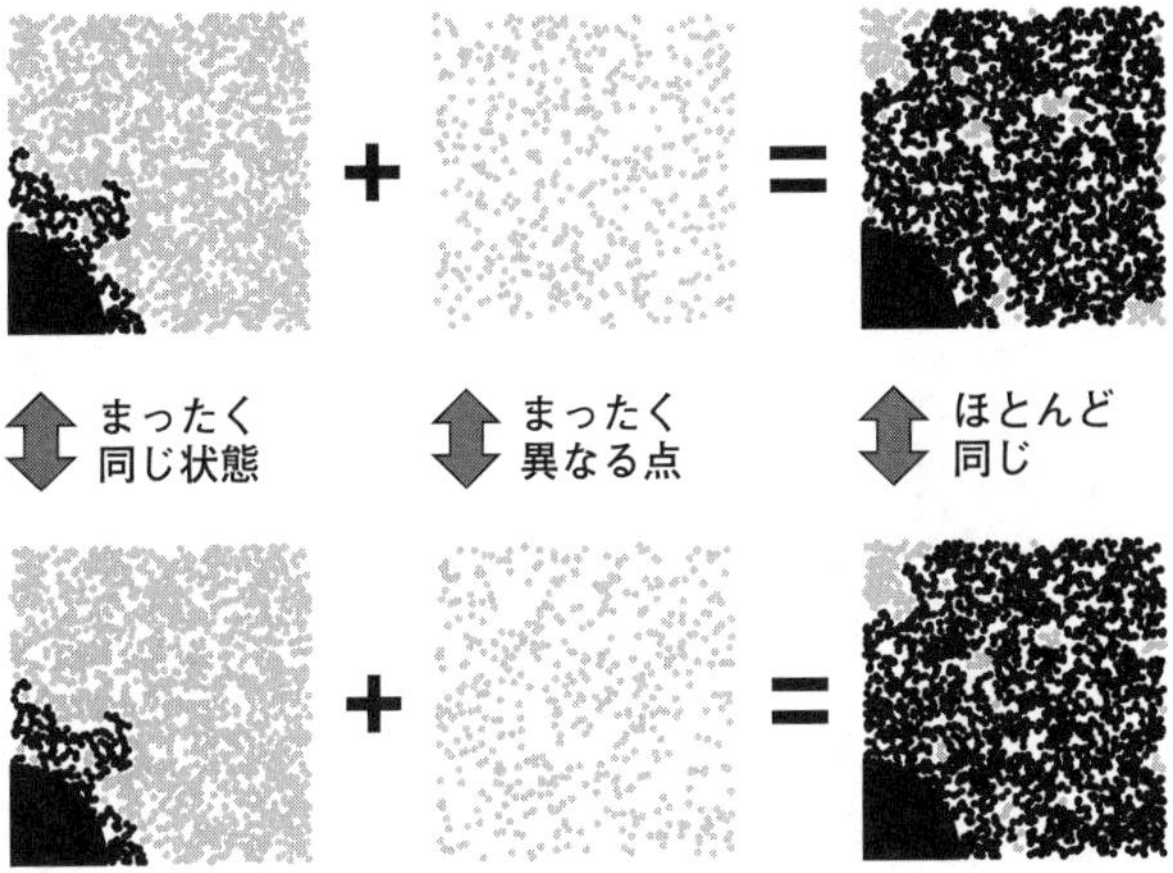

っかけになり得る。むしろ、間違いや失敗だからこそ、誰もやっていない隙間を埋める可能性は高いとも考えられます。しかし、それらが必ずイノベーションにつながるというわけではありません。大事なのは、ガラクタが臨界状態で存在するということです。

いま「役に立つ」と思われている知識の多くも、もともとそんなガラクタでした。それがつながって「役に立つ」とわかったものを整理し、樹形図構造に組み立てたのが、さまざまな学問体系だといってもいいでしょう。いったん役に立つことがわかれば、複雑につながる多様な知識体系のなかにそれを位置づけ、ある体系に必要な部分とそうでない部分を分けることができます。不必要な部分を削除して、コンパクトで効率的な知識体系を組み上げることはそんなに難しくありません。しかしその知識体系は、構築された当初からそんな構造をしていたわけではありません。それに、時代が変われば何が「役に立つ」かも変わってしまいます。必要な知識が変わったときにガラクタをいっぱい持っていないと、次の「役に立つもの」は見つけられません。

生き残るためのガラクタと「裏道」

近代科学が勃興してから二〇世紀までのあいだに、人類はすさまじい勢いで知識を整理して樹形図構造の学問体系を築き上げました。それは大いなる成果だったと思います。

ところが二〇世紀の終盤になると、その完成度が高まってきたせいで、樹形図構造の学問ですべてを把握できるかのような錯覚が生まれたのかもしれません。一方でカオスのような発見もあったにもかかわらず、近代科学で世界をコントロールできるような気分が強まったわけです。実際、天気予報の精度はどんどん上がってきましたし、コンピューターでさまざまなシミュレーションが可能になってきました。

しかし世界が予測不能のカオスであり、無節操で非論理的なスケールフリー構造である以上、樹形図構造に整理された近代科学だけであらゆる問題の答えを導くことはできません。それこそ、突然シアノバクテリアのようなテロリストが出現して大気を毒ガスまみれにする事態など、どんなに論理を突き詰めても予測できないでしょう。だとすると、対応策も講じられず、黙って滅びるのを待つだけのように思えます。

ところが生物は、この絶体絶命とも思える「酸素テロ」にも対抗策を繰り出してきました。生物界のネットワークのなかには、シアノバクテリアが吐き出した毒ガスを吸って生きるという、驚くべき「裏道」が存在していたわけです。

その裏道はたぶん、簡単に見つかったわけでもなければ、一生懸命考えて見つけ出したわけでもありません。生きるためにいろいろもがいているうちに、たまたま見つけたのです。そんな突拍子もない「裏道」が都合よくたまたま見つかるなんて信じられない——と思うあなたは、樹形図構造の論理的思考に毒されているかもしれません。

効率的に無駄を省いた樹形図構造には「遊び」がないので、ただの気まぐれのように「たまたま」別のことをやってみたりしたら、システム全体が大変なことになります。会社でそんなことをすれば、大目玉を食らってクビになるかもしれません。

しかし前述したとおり、スケールフリー構造は、たまたま起こる間違いや故障に強いのです。社員ひとりがたまたま気まぐれを起こしたところで、会社全体が傾くようなことはありません。

逆にいうと、そのような間違いや故障をそのまま放置して（内在させて）全体が動いているのが生物の世界です。もちろん、それで不都合なことが起これば、競争相手に負けて自然に淘汰《とうた》されることになるでしょう。でも、とくに致命的なことにならなければ、積極的に不要なものを排除しないのが（おそらくスケールフリー構造を持つ）生物界のやり方。要するに、常にガラクタをいっぱい抱えているのです。

その結果として、ネットワーク上では、地球の裏側の片田舎に住む知らないオジサンと、六人の知り合いを介すだけでつながるといったことも起こります。不要なものを即座に処分せず、何かの間違い（気まぐれ）でそれを使ってしまった結果として、思いがけない「裏道」がいくらでも見つかるのです。

もちろん、そのためには膨大な試行錯誤が必要で、成功率は非常に低いでしょう。しかし、その確率はゼロではない。とにかくひたすらもがいていると、たまたま当たるのです。

一方、効率的な樹形図構造のなかから一歩も出ずにいたら、そのような「裏道」を見つける確率はゼロです。無駄を省いた効率的な世界には「裏道」など存在しません。いくら頑張って身を粉にして働いてみても、「表」がふさがれば先に進めないのです。

生物は、ガラクタを抱え込むことで「多様性」を獲得しました。みんなが同じように効率よく目の前の環境に最適化する方向に進んでいたら、そのルートが行き詰まったときにジ・エンドです。いろいろな生き物が、いろいろな生き方をしているからこそ、誰かが迂回《うかい》ルートを見つけてきた。ナマコが食べられることを発見した「アホ」と同じように、ビックリするような進化を遂げた変わり者が「おい、みんな、この毒ガスも吸うてみたらけっこうイケるでぇ」と生物界を別方向に導いたのです。

各分野の行き詰まりを打開する異分野融合の難しさ

こう考えてくると、論理的に因果律を樹形図構造に組み上げた学問体系も、いずれ行き詰まるか、時代の変化に対応できなくなると見るのが自然でしょう。

「行き詰まり」には、ある意味で「完成」に近づくという側面もあります。実際、学問体系の樹形図構造が完成度を高めてきた結果、一九九〇年代にはいろいろな分野で行き詰まり感が強まってきました。複雑系の研究が盛んになってきたのもその頃だと思います。

そこで持て囃《はや》されるようになったのが「異分野融合」というキャッチフレーズです。京大の教養部が改組されて、総合人間学部／大学院人間・環境学研究科が生まれたときも、キーワードは「文理融合」でした。「人文科学、社会科学、自然科学などを統合して新しいパラダイムをつくる」という看板を掲げて新しい学部をつくったのです。

しかし、そのための具体的な作戦は、はっきりいって何もありませんでした。近代科学の体系化が完成度を高める一方で、それぞれの領域が「タコツボ化」して行き詰まっているのは、間違いありません。そういう問題意識はみんなが持っていました。でもそれに代わる「新しいパラダイム」の具体的なイメージはなかったのです。

当然ながら、希望を抱いて新しい学部に入学した学生たちからは「詐欺や！」という抗議の声が上がりました。理学部や文学部にはそれぞれの学問体系があるので、そこに属する学生も自分のアイデンティティーを持つことができます。でも、総合人間学部にはそれがありません。不安や不満を抱くのも当然です。

しかし私にも確たるビジョンはありません。学生たちからの抗議を受けた私は、答えに窮してこんな話をしました。

「君らは騙《だま》されたんや。もっと怒っていいぞ。でも、ここから先は僕が大学当局の人間であることを棚に上げて言うけど、君らは何しにこの学部に来たんや？　何か新しいことをしたくて来たんちゃうの？　だったら、総合人間学部を選んだ君らの選択は間違っていない。新しいことをやれよ。ただし、教員は理学部や文学部出身だから、新しいことは教えられない。でも、君らが勝手に新しいことをやることを止めることもできない。だって、総合人間学部の看板にそう書いてあるんだから。錦の御旗《みはた》は君らのほうにある。だから、大学をあてにするな」

苦し紛れの無責任きわまりない発言ですが、じつのところ、いままではこれがある意味で正しかったと思っています。ニュートンとゲーテのふたりの社長が君臨していたら、トップダウンで会社の合併交渉なんてできません。コンセプトも性格もまったく違う会社ですから、そこで妥協したら、それぞれの存在意義はなくなります。それをつなぐためには、末端の社員同士がこっそり会って勝手に話を進めるしかない。私が総合人間学部の学生たちに求めたのも、そんな行動でした。

その後、総合人間学部はかなり面白い人材を輩出してきたと思います。ただ、それは大学当局の成果ではありません。学生の力によるものです。大学は彼らに遊び場を提供しただけ。それも、何らかの意図をもって提供したわけではなく、大学当局にビジョンがなかったために管理しきれず、結果的に遊び場になってしまったのです。

何とも情けない無責任な話ですが、こんなことになった最大の原因は、改組される前の「教養部」の特徴を前面に出しながら、その「教養」の具体的なイメージと、それをうまく活用するためのビジョンを示せなかったところにあります。

図 13　学問のタコツボ化

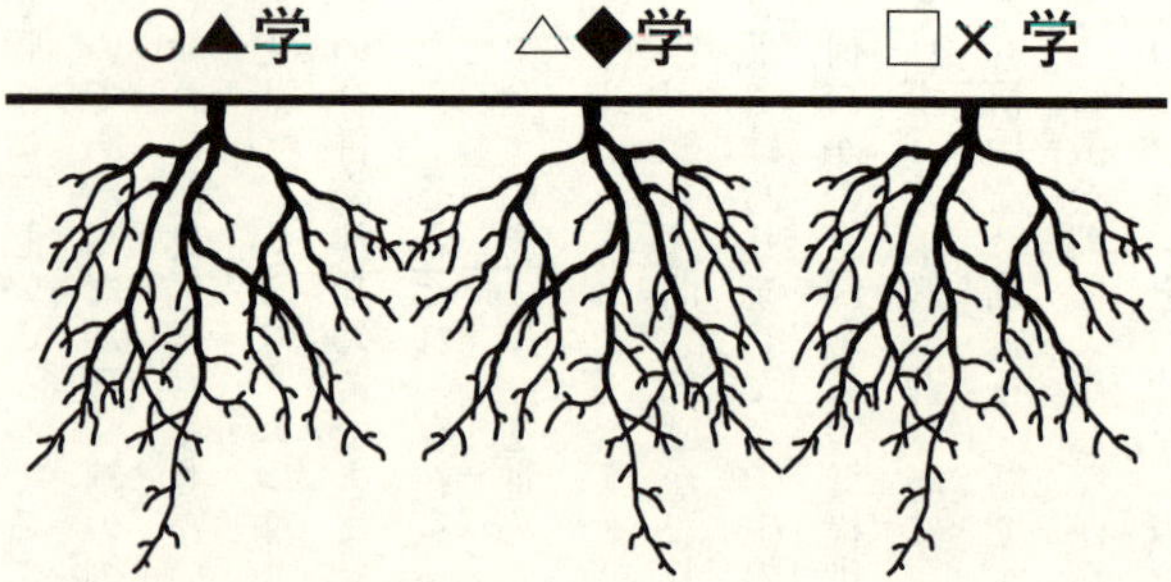

樹形図構造が行きつく先は「重箱の隅」

しかし、スケールフリーネットワークという新しい概念を手にしたいまなら、その学際的な「新しいパラダイム」をもう少し具体的にイメージすることが可能でしょう。教養部が廃止されて総合人間学部ができたのが一九九三年、バラバシがスケールフリーネットワークのモデルを提案したのは一九九九年でした。

では、学際的な「新しいパラダイム」はどんなものなのか。

まずは「既存の学問はタコツボ化し、行き詰まった」というイメージを図にすると、どんなものになるか考えてみましょう。おそらく多くの人は、図13のようなものをイメージすると思います。いろいろな学問体系があって、それぞれ、専門を深く掘り下げていくと、現実の世の中とは隔絶されたタコツボに入り込む。「だから大学の先生は浮世離れして使い物にならん」と言いたくなる人もいるかもしれません。

これに対して、自然科学の世界には「物理帝国主義」という言葉があります。いろいろな学問分野は存在するものの、どれも究極的には物理現象を扱っているので、その根っこは物理学にあるという考え方です。「ラプラスの悪魔」がそうだったように、物理の基本法則がわかれば、すべてわかるはずだと考える。だから、さまざまな学問は最終的にすべて物理学のひとつの枝として、たったひとつの体系にまとめられる――というわけです。

しかしこの壮大な企みは、カオスの発見によってもろくも崩れ去りました。たとえ究極の物理法則がわかっても、「ラプラスの悪魔」は未来を予測することはできないし、過去を再現することもできないのです。

物理帝国主義は成り立たないので、やはり世の中にはいくつもの学問体系が図13のように並ぶことになります。それぞれの学問分野は、若いうちは勢いよく根を伸ばし、どんどん守備範囲を広げていくでしょう。しかし、ある程度その体系ができあがると、その分野では新しい領域がなくなり、伸びる余地がなくなってきます。いわば「枯れた分野」となるわけです。

学問として枯れたとしても、それは確立された人類の英知として役には立つでしょう。その知識を勉強することには意味があります。しかし、既存の知識を学ぶ「勉強」に対して、「研究」は新しいことを見つけないといけません。ほとんど新しい領域がなくなったなかでも、何か誰も考えなかったことを研究しなければいけない。そこで苦しくなり、「誰も考えなかったこと（新しいこと）だけど、些末《さまつ》などうでもいいこと」を研究するようになる。いわゆる「重箱の隅をつつくような研究」です。これが「行き詰まり」の正体にほかなりません。

ひとつの分野を深く掘り下げると別の分野とつながる

この行き詰まりを打開するには、どうするか。重箱の隅をつつくしかなくなるなら、その重箱という「壁」を取り払ってしまえばいい、という発想がそこで出てきます。これがいわゆる「異分野融合」です。

しかし、ひとつの分野を修めるだけでも大変なのに、それをいくつも守備範囲におさめるのは無茶な話。とはいえ、基本的な根っこのところだけ広く浅くやったところで、それぞれの分野で中途半端な知識しか持たなければ、その道の専門家に勝てるわけがありません。

総合人間学部のビジョンを議論したときには、異分野融合が難しいのなら、「総合人間学会」を立ち上げてひとつの学問分野をつくろう——なんて話も出てきました。でも、それぞれの学問分野がタコツボ化したことがそもそもの問題なのですから、そこにもうひとつ新たにタコツボをつくっても、同じ穴のムジナならぬタコです。

総合人間学部発足当初から、教員のあいだでは「ひとつの分野をきっちりやらなければ、異分野融合などできない」という意見がありました。これは教員が自分の分野を守るための保守的な意見に聞こえるかもしれませんが、そうではありません。むしろ異分野融合に積極的な人ほど、このような意見を持っていました。各専門の入り口のところは、わかりやすく単純になるように整理したんだから、それをごちゃまぜにしたのでは意味がない。その分野を深く掘り進んだところで、別の世界とつながっていくんだ——という意見です。

実際、いろいろな分野の知識に接してきた人間にとっては、それが実感です。しかし、それをうまく学生に説明できない。図13のようなイメージを出発点にすると、「深いところで別のところとつながる」という感覚を理解してもらうことがなかなかできません。

しかしスケールフリー構造の知識を得たいまなら、図13とは異なる世界観を提示することができます。図14を見てください。おそらく現実の世界は、このようにいろいろな分野の知識が絡みあっているのです。私たちが知っている「知識」は、全世界のごく一部にすぎません。この複雑に絡みあった知識に、スケールフリー構造の現実が重なっているのです。複雑な構造を

図 14　現実の世界と学問体系

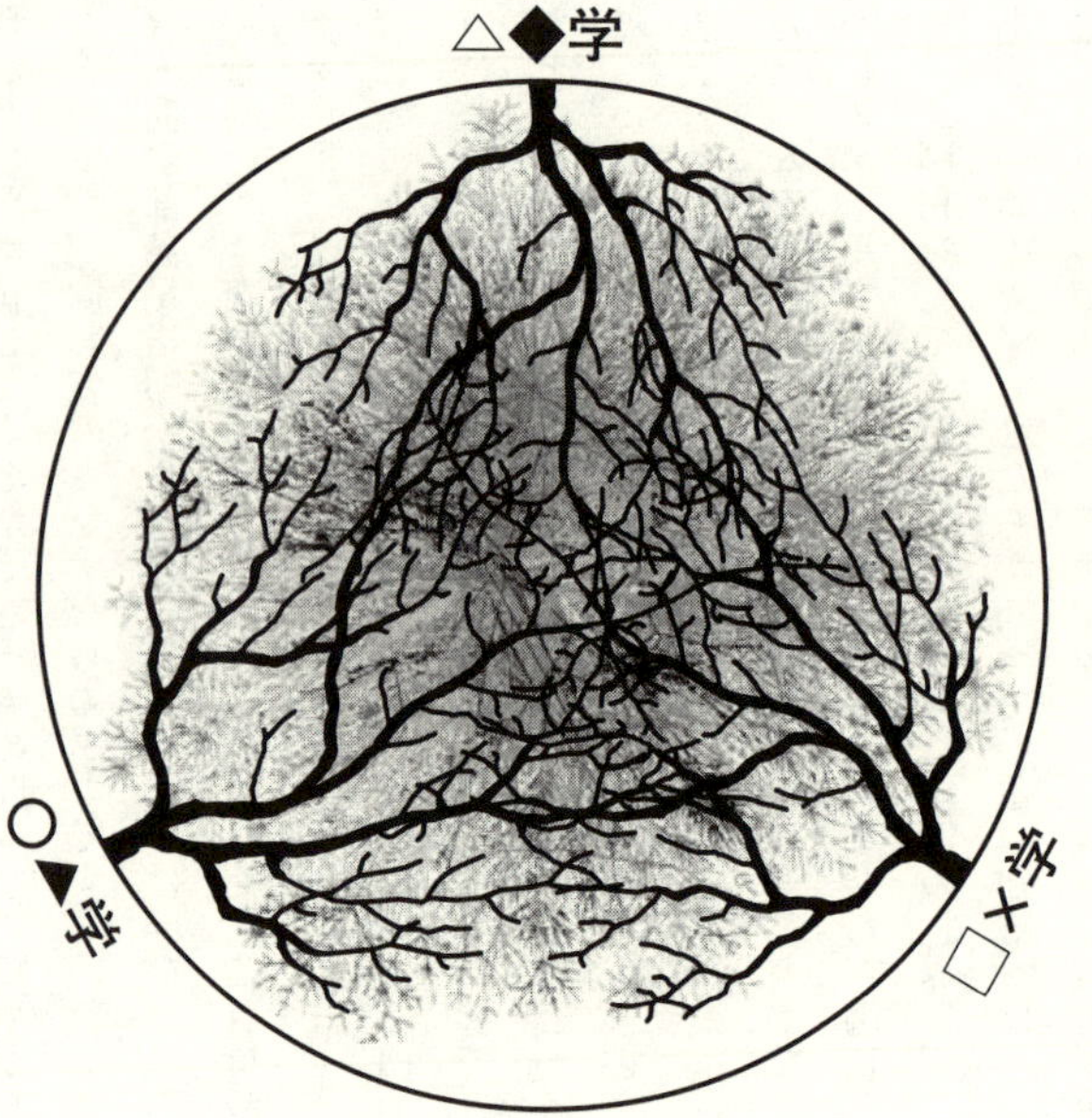

Barabasi, The physics of the Web, Physics World, 2001 をもとに著者作成

している現実世界のごく一部をわかりやすく近似的に整理したのが、既存の「学問体系」なのではないでしょうか。

この模式図は、先の色彩学の構造も比較的うまく表現することができます。ニュートンの光学と、ゲーテの色彩論という水と油のような体系が同じ「色彩」の世界で重なっていて、それを数学や生理学などの別の体系が結びつけているのです。

ここで重要なのは、ニュートンもゲーテもまったく異なる入り口（基礎）と独自の世界を持っているからこそ意味があるということ。それらを結びつけた数学も、まったく別の価値観で進化したからこそ、両者を結びつける力を持ちました。これらの体系が最初からお互いに意識しあっていたら、こんな世界はつくれなかったでしょう。それぞれが独自のルートを掘り進めたら、結果的にどこかで融合する。それが「深いところでつながる」ということなのです。

私たちが住むこの世界は、ただひとつの正しい理屈（神様）を根っこに持つ樹形図構造にすべてがつながっているわけではありません。多くの分野の体系が、重なり絡みあってひとつの集合体をつくっていると考えるべきだと思います。人間が局所的に整理した樹形図構造の知識体系は、必ずしもお互いに整合性があるとは限りません。そして、それぞれの体系は異なる知識体系と相互作用しながら、時代とともにどんどん変化していくのです。いわば、この世には八百万《やおよろず》の神がいて、それぞれが喧嘩《けんか》しながらも全体としてひとつの生態系を構成しているというイメージでしょうか。

何かを「忘れる」ことで発想の大転換が起こる

たとえば、気象学はその昔「夕焼けの次の日は晴れ」のような経験則に基づく天気予報をしていました。これを「観天望気」といいます。それが、トリチェリの気圧の実験（一七世紀）などから近代的な観測をもとにした科学に発展し、さらに二〇世紀半ばからは、衛星技術と計算機の技術発展により大きく姿を変えました。

それと同時に、気象学はカオスの概念も生み出しています。それは多くの分野に影響を与え、新しい分野もつくり出してきましたが、カオスの概念は現代気象学の限界を突きつけるものでもありました。

ところが、ここにきてまたＡＩの発展が気象学を大きく変えるかもしれません。観天望気以降の気象学の発展は「因果律を忠実に追う」ことで発展してきました。それに対して、ＡＩはこの因果律を無視して、経験的に最適解を見つけ出す仕組み。まさに近代以前の観天望気そのものです。ＡＩの適用範囲が広がり、どんどん進化して実用化されていく様子を見ていると、もしかするといずれＡＩによる天気予報が実現するかもしれません。それは現在の天気予報とはかなり異なる、「別の枝」になる可能性が高いと思います。

私が本格的に気象学に触れた学生時代は、それまでの経験則に頼った知識体系がコンピューターによってどんどん塗り替えられていきました。私自身は「経験則に頼った体系」は理屈が見えないので大嫌いでしたから、そのようなわけのわからない悪党を駆逐するコンピューターは、ある意味「神様」でした。しかしその神様は、私が小学校時代にさんざん心のなかでバカにしていた、あの論理回路のお化けだったのです。

当時、コンピューターは複雑な因果律を忠実に計算してくれました。ところがこんどは、そのコンピューターがＡＩの衣をまとって猛威を振るうかもしれないのです。ＡＩは私が嫌いな経験則が基本なのですから、まったく世の中は何が起こるかわかりません。

同じコンピューターを使った技術でも、因果関係を積み上げるシミュレーションと、経験則に基づくＡＩでは、考え方がまったく違います。シミュレーションに慣れた頭で見ると、ＡＩは異常としか思えない構造をしています。このような発想の大転換は、何かを忘れない限りできません。

じつは、変化していく上で「忘れる」のは非常に重要な能力です。人間の記憶はすぐに消えてしまうので、人間はそれを脳以外の媒体に「記録」することで、知識体系を伝える能力を持ちました。その結果として強力な文明を築いてきたので、私たちは「記憶力がよい＝頭がよい」と考える傾向があります。

しかし、もし人間がみんな完璧な記憶を持っていたらどうでしょう。喧嘩の仲直りなんて、できません。親の仇《かたき》は末代まで続き、戦争だらけの世界になるかもしれません。みんなが忘れている大昔のルールを持ち出されても困ります。忘れるということは、生物が進化するために備わったある種の能力なのではないでしょうか？

カオスな世界では、将来の予測ができないだけでなく、過去もわからなくなります。つまりこれは、記憶を消すメカニズムでもあるのです。絶対的に正しいものがあるわけでもなく、その場の状況に応じてどんどん変わっていくカオスな世界で生きていくためには、記憶はむしろ邪魔かもしれません。

不便益という考え方があります（「なぜ、遠足のおやつは〝300円以内〟なのか」川上浩司、『京大変人講座』第4章、三笠書房）。不便なのは悪いことばかりではなく、それによって何かよいことが起こる可能性もある。たとえば富士山頂まで行けるエレベーターをつくれば便利ですが、登山の面白さはなくなるでしょう。不便なほうが「よい」のです。何でも記憶できるのは「便利」かもしれませんが、むしろ忘れるほうが幸せかもしれません。この不便益という考え方が成立するのも、世の中、いろんな考え方や価値観が絡みあって交錯しているからだと思います。

本書の冒頭でお話ししたとおり、私は大学入学当初、いきなり「アホなことせい」と言われて茫然《ぼうぜん》としました。しかしいま考えると、この「アホなことせい」も一種の不便益なのかもしれません。それは、カオスの世界を生きていくための教えだったのだと思います。

カントやゲーテを読む同級生から受けたショック

そういえば、京大入学当初は理学部の同級生からも強いカルチャーショックを受けました。ある友達の下宿に遊びにいったら、三畳一間の片隅にカントやらゲーテやらのカビ臭い本がたくさん積んであったのです。私自身は本を読むのが嫌いなこともあって理系を選んだので、同じ理学部の学生がそんな本に囲まれて暮らしていることに驚きました。

「これ……読むの？」

「そりゃ、読むよ」

「面白い？」

「うん、面白いよ」

しかし、おそらく向こうも、私の下宿に来たときはカルチャーショックを受けたでしょう。そこらじゅうに、ペンチやドライバーなどの工具が転がっていたからです。

「何だこれは」

「工具だよ」

「そんなもので何するの？」

「何って、物を組み立てたりするに決まってるだろ」

私は父が技術屋で、工場のなかで育ったので、小さい頃から工具やらそこらに落ちている材料やらをオモチャにして育ちました。小学生の頃は「ソニーやホンダで何かつくりたい」というのが将来の夢。しかし、高校時代にいわゆる公害問題が社会問題化し、「地球のことを考えずに勝手に面白いものをつくると、周りが迷惑するかもしれないな」と思い、まずは地球のことを勉強してみようかと理学部を受験しました。でも本来は工学部向きのタイプだったのだろうと思います。実際、工学部にするか理学部にするかは、かなり迷いました。

逆に、カントやゲーテを読んでいた友人は、文学部でもやっていけたかもしれません。そんな学生が同じ理学部で席を並べるのですから、それまでの私の価値観では理解不能です。

そんなこともあって、入学当初の私はショックの連続でした。高校までとは違う世界に足を踏み入れてしまったような気がして、どんどん世の中から隔離されていくような不安を感じます。数学の講義に出れば、先生は日本語をしゃべっているのにまったく意味不明。質問をすれば「これですか？　これは簡単ですよ」と言って、黒板にシャカシャカと数式を書いて「ね、簡単でしょ？」という具合。取りつく島もありません。そうかと思えば、ほかの先生には「アホなことせい」と言われる。挙げ句の果てには、入学直後の学部ガイダンスで「三分の一は行方不明になります」と宣告される始末です。

でも、しばらくそんな環境で過ごしているうちに、ちょっと開き直ったような気持ちになりました。どうせ世の中は自分に合わせてはくれないんだから、自分も周りに合わせる必要はない（というか、最初から人に合わせる気はあまりありませんでしたが）。何でも計画を立ててそのとおりに進むわけじゃないんだから、やりたいことをやっているうちに、どこかに着地するだろう。そこが思っていたものと違うなら、また別のところに進めばいい――そう考えたら、「自分の気の向くままに行動しても何とかなるだろう」という自信が湧いてきたのです。

幸か不幸か、学部卒業後、ゲーテの本を読んでいた件《くだん》の友人と会うことはありませんでしたが、二〇年ほどのち、私は色を使って大量のデータをわかりやすく表示できないかと考えていたとき（『自然界の4次元』朝倉書店）、私には縁のない存在と思っていたゲーテの「色彩論」に出くわして、二〇年ぶりに友人の下宿のかび臭いにおいを思い出してしまいました。まったく、どこで何がつながるかわかりません。

なぜか一輪車で通学した学生時代

学生時代、単位は卒業に必要な最低限の数しかとりませんでしたが、面白いと思った科目は真剣に勉強しましたし、自分で納得できたら「もういいや」と試験を受けなかったこともあります。また、論理回路で衝撃を受けた物理学実験では、課題が終わったあと、先生に頼んで実験室に入りびたり、電子メトロノームやいろいろつくりたいものをつくらせてもらいました。もちろん、単位とは無関係です。

勉強以外では、毎月、満月の晩に友人と徹夜で数十キロ歩いてみたり、一輪車で大学に通ってみたり。とくに奇抜なことをしようと思ったわけではないのですが、「ちょっとやってみたいな」と思ったことを素直にそのまま行動に移すことを心がけていました。「他人になんと言われようと、やりたいと思ったらやれ」と自分に言い聞かせていたのです。

「アホなことをせい」は、他人の笑いをとることが目的ではありません。社会の常識にとらわれずに何でもやってみろという意味です。常識的には「アホ」と思われているなかに、意外に正解があるのです。

一輪車で通学するようになったのは、それまで乗っていた自転車が壊れたのがきっかけ。新しい自転車を買おうと自転車屋に行ったとき、ふと子供の頃、自転車屋の天井から吊されていた一輪車を思い出しました。自転車屋の前を通るたびに、いつも「乗ってみたいなぁ」と思って眺めていたのです。

それで、つい、自転車屋さんに、

「一輪車ってないの？」

と聞いてしまいました。すると、

「あ、最近、あるみたいやで。取り寄せたろか？」

という思わぬ答え。予想外の展開でしたが、思わず、

「え？　あるの？　お願いします」

と言ってしまったのです。一週間後、店に届いた一輪車に乗ってみようとした私は、「とんでもないものを買ってしまった」と後悔しました。とても「乗り物」とは思えない代物で、どうやって乗ればいいのかさっぱりわかりません。自転車屋さんに聞くと「わしも乗ったことないし、わからんわ」と言います。

でも、通学用の自転車がこれに化けてしまったのですから、何とかするしかありません。それから毎晩、近くの公園で練習し、一週間くらいでようやく乗れるようになって、通学に使い出しました。

それから一年ほど経ったある日のこと。いつものように一輪車で大学に向かっていたところ、おまわりさんに呼び止められました。

「これ、なんや？」

「なんやって、一輪車です」

「こんなもん、どないしたんや？」

「自転車屋で買いましたよ」

「こんなもん乗ってええんか？」

「乗っちゃいけないんですか？　自転車屋でも何にも言われませんでしたけど」

いまは一輪車で公道を走ることが禁止されているようですが、当時そんな規則もなければ、そんなことをするアホもいませんでした。とはいえ、夜遅く帰ることもありましたから、無灯火では怒られるだろうと思い、サドルの下にヘッドライトをつけていました。後ろ側には反射板もつけていたので、

「ほら、ライトだって、反射板だってついてますよ」

と言ったのですが、おまわりさんはしばらく腕組みして考え込んだ末、

「しやけどなぁ、手放し運転やしなぁ」

これには、私も反論できませんでした。

じつは当時、私は教養部への就職が決まっていました。そこの教授（新入生の私に最初に「ア

ホなことせい」と言った張本人です）に、「間違っても一輪車で通勤するでない」とクギを刺されていましたので、まあ、大人の世界を見た思いで、素直に二輪車を買いました。

学生時代にしかできない、典型的にアホな経験ですが、ルールのないところで世間とどう付き合えばよいのか、いろいろ考えさせられたことは間違いありません。

お金はないが自由があった教養部時代

それ以後の私の人生も、かなり行き当たりばったりでした。まったく無計画というわけではないけれど、一〇年、二〇年先のことまでは考えない。将来困らないように、あらかじめ準備するようなこともあまりしませんでした。とにかくそのときに「やろう」と思ったことを思いきりやる。結果として痛い目に遭うことも何度かありましたが、それは身から出た錆《さび》です。「それまで好きにやってきたんだから」と思えば、観念して問題に立ち向かう勇気も出てくるもの。だいたい、あらかじめ準備したところで、それがうまくいくかどうか怪しいのですから。

ひとつ意識していたのは、なるべく世の中の最先端に出ないこと。そもそも私が就職した教養部が、大学のなかではいわゆる最先端からいちばん遠いところにあったのですが、それは私にとってはとても都合のよいことでした。

誰もが「最先端」と認める場所にいると、世間から成果を期待されます。期待に沿えなければすぐに批判されるわけで、それを意識すると自由に行動できません。プレッシャーなしに自由にやりたければ、最先端を避けたほうがいい。世間には期待されなくても、自分にとって新しくて面白いことが、自分にとっての「最先端」です。

その自分にとっての最先端を気が済むまで追求できる環境が、教養部にはありました。万が一うまくいかなくて失敗しても、「すんまへんなぁ。教養部やし勘弁してや」と言えば許される。教養部は一般の学部よりも社会的ステータスが低く、要は「アホ」だと思われているからこそ、自由という強力かつ貴重な武器が得られるのです。

スケールフリーネットワークの概念を得たいま、あらためて自分のこれまでを振り返ると、やはり教養部のような環境がイノベーションを起こすには最適であることがわかります。

既存の知識体系の樹形図構造は脆弱で、一ヵ所でも間違えればその先すべてが意味を失います。その間違いに気づかずに研究を進めてしまうと、修正は困難。ましてや、その研究に莫大《ばくだい》なお金をつぎ込んでいると、もはや後戻りはできません。最先端でその矛盾の辻褄《つじつま》を合わせる苦しい作業を強いられます。旧日本軍のインパール作戦みたいなものです。

これに対して、最先端にこだわらずに、いろんなところで脇道に逸《そ》れて、主流の樹形図構造に重なる（または近くを通る）スケールフリーネットワークを散歩していると、同じところをいくつかの見方で見ることができるので、より理解が深まります。効率よく最先端まで突っ走っている人たちが見逃していることを見つけて、ほかの道に入っていくこともわりと簡単にできる。その道が別の分野だったりすると、偉い先生は「それは○×学ではない」などと嫌がりますが、そもそも権威を持っていなければ、メンツにこだわる必要もありません。

また、研究にはある程度の資金が必要ですが、大金をつぎ込めば説明責任が伴うのは当然です。しかし、ほとんどは思いどおりにはなりません。たとえ思いどおりの結果が出ても、それがすぐに何かに役立つ保証はない。それを嫌がっていたのでは、新しい道を開拓することはまず不可能でしょう。新しい世界では何が起こるかわからないので、計画がすべてうまくいくわけがありません。そこに莫大な資金をつぎ込むのは、愚の骨頂です。

お金をかけなくても、思わぬところで思わぬガラクタが役に立つことは少なくありません。先が読めない世界は、そういうものです。予想外の事態が起こって、思わぬところに道が開けることもあります。そのときに、当初の計画を柔軟に変更できなければ、チャンスを逃してしまうでしょう。新しい研究をするのに本当に必要なのは、お金ではありません。重要なのは、ガラクタと自由です。もちろん、小遣い程度のお金は必須ですが……。

アホが考えたフラクタル日除《ひよ》け

そんな研究の実例として、私が考え出した「フラクタル日除け」の話をしましょう。詳しくは『都市を冷やすフラクタル日除け』（成山堂書店）を読んでいただくことにして、ここでは要点をかいつまんでご紹介します。

これは「日除け」なのに穴だらけで、こともあろうに空が見えます。当然、雨は防げません。じつに間抜けな感じのする日除けです。でも、夏のお昼時には、ほぼ完全に太陽光を遮り、日陰をつくってくれる。穴だらけなので太陽が動けば光が漏れますが、それも木漏れ日のようできれいです。完全なる人工物ですが、自然の木漏れ日のような環境をつくって、暑さを和らげてくれるのです。

フラクタル日除けを見た人からは、よく「京大らしいですね」と言われます。どこが京大らしいのかよくわかりませんが、私も何となくそう思います。「どうやってこんなこと思いついたんですか？」とも聞かれますが、「私が素人だったからです」と答えています。

実際、私の本来の専門分野は海洋物理学ですから、日除けとは縁もゆかりもありません。ちなみに助手時代に教養部で担当していたのは、一〜二回生向けの学生実験。主に気象や海洋の流体をテーマにしていましたが、まだ流体力学を勉強していない学生が相手なので、とにかく室内実験で面白い現象を「見せる」ことに力を入れていました。そんな仕事の傍ら、自分の海洋物理学の研究もやっていたわけです。

もちろん、教養部の学生実験ですから、使える予算は小遣いに毛が生えた程度。その予算内で、さまざまな実験を行いました。お金がないので日用品を頻繁に流用するのですが、そこで得たノウハウはのちに決定的に重要な意味を持つことになります。

その教養部が改組されて、一九九三年に総合人間学部と人間・環境学研究科という大学院ができました。それまで、自分の研究と学生の教育はまったく別物と考えてやってきましたが、卒業論文や修士論文の指導をするとなると、そうもいっていられません。とはいえ、京大の近くには海がないし、海洋物理に興味を持って入学してくる学生もいない。学生の興味と私にできることの接点を探す必要があります。そこでいろいろ試行錯誤をした末に、現実的な接点として見つけたのが、二〇〇〇年頃から社会問題化していた「ヒートアイランド問題」でした。それが、フラクタル日除けに向かう道の出発点です。

学生に「教科書を読むな」という理由

ヒートアイランド現象自体はかなり古くから知られており、私も学生時代に聞きかじっていました。しかし近年のヒートアイランドは、昔とちょっと違います。かつては「冬の夜に都市部の気温が下がらない」現象のことをヒートアイランドと呼んでいました。

「町にはコンクリートやアスファルトのように熱容量の大きなものが多いので温度が変わりにくく、夜になかなか冷えないので、明け方に都市が周囲にくらべて温かくなる」

それが、かつてのヒートアイランド現象についての説明です。

ところが、二〇〇〇年頃に浮上したヒートアイランド問題は、「冬の夜」ではなく「夏の昼間」の問題です。これは何かがおかしい。最近になってヒートアイランド現象の性質が変わってきたのかと思っていろいろ調べたのですが、どうも十分なデータがありません。ならば、まずは自分たちでデータをとって実態を知ることから始めよう、ということになりました。

でも、そう簡単にはいきません。まず第一に、観測装置がない。海洋物理が専門の私は、気象観測などしたことがありません。そんな私がヒートアイランド観測のための科学研究費補助金を申請したところで「おまえ、何を血迷ったんや」と言われるのがオチです。とはいえ、先立つものがなければ何もできません。

そこで目をつけたのが、理科離れ対策の科学研究費補助金でした。問題視されていた子供の理科離れ対策のための研究を、文科省が音頭をとって募集していたのです。そのプロジェクトに「みんなで測って、ヒートアイランド問題を解明する」というテーマで応募したところ、採択されました。

ただ、その研究費は百万円単位。都市の気温分布を二次元的に観測しようと思えば、東西方向、南北方向にそれぞれ一〇ヵ所くらいずつ、つまり一〇×一〇＝一〇〇ヵ所くらいの観測点が欲しいところですが、まともな気象測定器で観測するにはゼロの数が足りません。

でも、そこは昔取った杵柄《きねづか》。ホームセンターと秋葉原、日本橋（大阪）で材料をかき集め、気象庁の観測にも対抗できる精度で、かつ高校生でも自作できる測定器のキットをつくり、観測を始めました。

しかしデータ解析を始めると、学生がこんなことを言ってきました。

「教科書にはこんなことが書いてあったんですが、僕らがやっていることはもうわかっているんじゃないでしょうか？　この観測には何の意味があるんでしょう」

この実験をやるにあたって、私からは学生に教科書を与えていません。でもその学生は真面目なので、自分で教科書的な本を探して勉強したのです。

でも、私が教科書を指示しなかったのには理由があります。そもそも私たちが調査を始めたのは、これまでの情報の何かがおかしいと思ったからでした。現在のヒートアイランドを説明するデータがないから、自分たちでデータをとることにしたのです。そのデータを分析する前に、過去の間違った説明を読んでしまうと、それに引きずられてしまうでしょう。

だから私は学生に「教科書を読むな。教科書は自分でデータをとって自分で考えてから読め」と言いました。実際、何か新しいことをやるときは、「知らない」ことが武器になります。いったん何かを知ってしまうと、その発想から逃れられなくなる。しかも、その武器は一生に一度しか使えません。それを使う前に捨ててしまうのは、非常にもったいないことです。

ヒートアイランド研究の「大御所」の間違い

結局この気温観測では、京都では夜間のヒートアイランド現象がはっきりと認められるものの、昼間の気温は都市部も郊外も変わらず、夜間のヒートアイランドはやはり都市部の高い熱容量によるものであることがわかりました。これは、私が学生時代に聞きかじった情報と同じです。でも、世の中の人は、夏の昼間に「暑い、暑い」と騒いでいます。これはデマに騙されているのでしょうか?

じつは、一方で都市部が「熱い」ことを示すデータもあります。ただし、高いのは気温ではありません。地表面温度です。地表面温度が高いと、そこから赤外線(いわゆる「照り返し」)が放射されますが、この熱量はバカになりません。夏の都会の熱い路面の上に立っていると、一〇〇ワットくらいの赤外線を受けることになります。ちなみに、使い捨てカイロの発熱量がおよそ一ワット。その一〇〇枚分ですから、暑くないわけがないのです。

ヒートアイランドが社会問題化した理由がわかったので、気温観測も含めて論文を書くために、過去の研究のレビューを始めました。これはふつう、研究を始める前にやるものです。しかし私は、教科書を与えなかったのと同じ理由で、それを後回しにしていました。この研究を始める前から、「何かがおかしい」と思っていたので、先人と同じ落とし穴に落ちたくなかったのです。

ところが、レビューを進めていくと、ちょっと困ったことになりました。調べてみると、一九七〇年代に「熱容量の違いではヒートアイランドを説明できない」という見解が通説になっています。しかもその論の多くが、ヒートアイランド研究の大御所とされるカナダの学者ティム・オーク先生の論文を根拠にしていました。

オーク先生は、夏の昼間に都会の地表面温度が高くなることをひとつの根拠に、「都会の熱容量は大きくない（仮に大きくても、ヒートアイランド現象にはそれとは違う要因が働いている）」という主張をしていました。それを示す実験もしています。

ところが私から見れば、その実験結果に対する解釈が根本的に間違っていました。さて、どうするか。何しろオーク先生は、この業界では神様のような存在のようです。その大御所に、ヒートアイランド研究では新参者の私が「先生、間違ってます」と指摘したところで、取り合ってもらえないことは目に見えていました。

そもそも七〇年代に熱容量説が否定されたのは、昼間に都市部の地表面温度が郊外よりも高くなることがそれでは説明できないからです。たしかに、これはおかしい。熱容量の違いが原因なら、昼間は逆に都市部の温度が下がるはずなのです。この問題は、私もよくわからず悩んでいたものですが、これは「将来の課題」として、とりあえず、観測からわかったことを論文にしようと思っていたのです。しかし、これがヒートアイランド問題の迷走の原点だとすれば、後回しにするわけにはいきません。私としては、「なぜ昼間の都会の地表面温度が高くなるのか」という謎を解明しなければ、前に進めなくなってしまいました。

民間人は信用できない？

ここで、話は大きく飛びます。

ヒートアイランド観測を始めた頃、全国の国立大学が独立行政法人化されました。私たち教員はもう国家公務員ではなく、一民間人です。また、大学は「事業所」とみなされるので、労働安全衛生法に基づいて、第一種衛生管理者の資格を持つ人間を配置しなければなりません。

もちろん、安全確保のためにそれが必要なのはわかります。でも、だったらいままでは何だったのか。それまでは、何をやっても事故を起こさない限り問題はありませんでした。要するに、国家公務員は間違ったことをしないことになっていたのでしょう。ところが制度上で民間人になったとたん、「あいつらは放っとくと問題を起こすので、ちゃんと管理下に置かなければならない」という話になるわけです。

ともあれ、私がその資格をとりに行かされる羽目になりました。受験勉強なんてするのは三〇年ぶりです。そもそも大学の独法化には反対だったので、「とんだとばっちりだ」などと思いながらイヤイヤ勉強をしたことはいうまでもありません。

ところが、その勉強の最中に奇妙な温度計の存在を知りました。黒球温度計という、周囲の可視光や赤外線を積極的に吸収してしまう温度計です。

「何じゃ、こりゃ」と思いました。その頃の私は、「気温」を正確に測るためにその可視光や赤外線をいかにブロックするかをひたすら真剣に考えていたからです。でも、この温度計はその正反対。自分にとっては邪魔者でしかない「ノイズ」を吸収するというので、「そんなものを吸収してどうなるんだ」と一瞬ブチ切れそうになりました。

しかし参考書を読んでみると、当たり前ですが黒球温度計にも立派な目的がありました。溶鉱炉のような高温環境の労働条件を知るために、それが必要なのです。溶けた鉄のような高温の物質からは目に見えない赤外線がたくさん放射されるので、ものすごく暑くなる。その暑さの度合いを知る上で、この温度計が役に立ちます。

黒球温度計が与えてくれたヒント

ここで私は、ふとわれに返りました。冷静に考えれば、これはヒートアイランド研究に使えるではありませんか。都市部の昼間の気温が郊外と変わらないのにより暑く感じるのは、都市部のほうが地表面温度が高いからです。その暑さはよく「照り返し」という言葉で表現されますが、太陽光が路面に反射しているわけではありません。太陽の熱を吸収した路面が、溶鉱炉の鉄のように自ら赤外線などを放射するから暑いのです。

その赤外線放射を測定できるのが、黒球温度計にほかなりません。これを町中に置けば、気温ではなくて赤外線の強さとして「都市部の暑さ」を測ることができます。

しかし黒球温度計は文字どおりの黒い球で、直径は約一五センチメートル。まるで爆弾のような見た目なので、そんなものに「京都大学」と書いて京都市内のあちこちにぶら下げて設置したら、警察に通報されかねません。ほかの機材とのサイズ的なバランスも悪いので、私たちはピンポン球を黒く塗って自前の黒球温度計を製作しました。

それをつくっているときにわかったのが、放射環境が同じなら「小さいものより大きいもののほうが熱くなる」という重要な知識です。ピンポン球の直径は約四センチメートルなので、市販の黒球温度計のおよそ四分の一。両者を比較すると、気温との差はほぼ半分でした。大きさの平方根で温度差が決まるのです。これは伝熱工学という分野では常識で、ちゃんと教科書にも書いてありました。樹形図構造の学問体系では、こんなふうに、お互いの常識が共有されていないことが少なくありません。それが、いくつかの偶然によってつながったわけです。

物体の表面温度がその大きさで決まるのだとすれば、都市部の地表面温度が高いのも、表面積の大きい建造物が多いからではないか。調べてみると、やはり広い自動車工場や自衛隊の駐屯地など、大きな屋根（平面構造）を持つところの温度が高く、物体のサイズが「数センチ」

から「数メートル」のスケールになると急激に温度差が大きくなることもわかりました。

数センチといえば、植物の葉っぱのサイズです。一方、屋外の人工物の多くは数メートル単位の平面的な構造を持っています。つまり、樹木を減らして建物を増やすと、表面温度が上がるわけです。

ただし、植物が生えていれば温度が低いというわけではありません。ゴルフ場は芝生がたくさんあるのに、住宅地と同じくらい温度が高いのです。これは、芝生が地面に密生しているため空気の通りが悪く、熱が籠《こ》もってしまうせいだと考えられました。したがって表面温度を下げるには、日射を受ける表面積を小さくするだけでなく、適度な隙間をつくって風通しをよくしたほうがよい、ということです。

数学者って暇だね

そこまで研究が進んだところで、またしても偶然の出会いがありました。大学の研究科長から「面白いものがあるから見にこないか？」と電話があったのです。行ってみると、総合人間学部と人間・環境学研究科の同僚で数学者の立木《つい き》秀樹先生がつくった「シェルピンスキー四面体」がテーブルの上に置いてありました（図15）。

図15　シェルピンスキー四面体

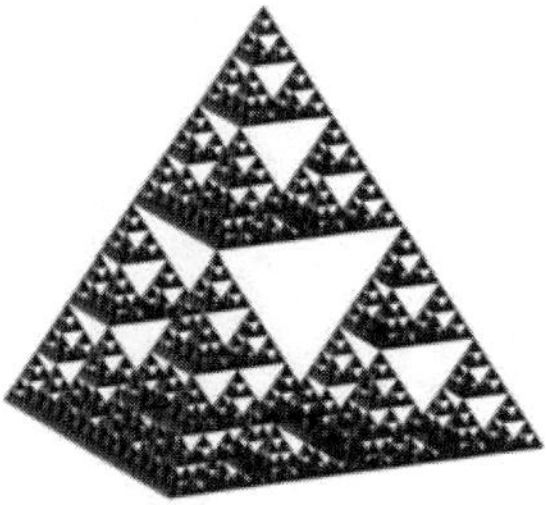

図16　シェルピンスキーのガスケット

ポーランドのシェルピンスキー（一八八二～一九六九）という数学者の名前は、私も知っていました。学生の頃に読んだ数学の本で、一〇〇年ほど前に考えられた「シェルピンスキーのガスケット（カーペット）」という図形を目にしたことがあります（図16）。まず、ひとつの三角形を各辺の中点を結ぶ線で分割して四つの相似な三角形をつくり、真ん中の三角形を取り除く。残った三つの三角形をまた各辺の中点を結ぶ線で分割して四つの相似な三角形をつくり、真ん中を取り除く……という作業を何度もくり返していくと、このような穴だらけの三角形が残ります。

　面白いのは、この操作を無限にくり返すと面積がゼロになること。一度の操作で面積は前の四分の三になるので、どこまでやっても前の四分の一は残ることにもなるのですが、無限回だと数学的にはゼロです。面積がゼロなのに、この印象的な形は抜け殻のように残る。何とも不思議な気がしました。

このような自己相似の図形を「フラクタル」と呼ぶわけですが、私がこれに出会った一九七〇年代初頭にはまだそんな言葉はありません。その数年後に、ブノワ・マンデルブロ（一九二四～二〇一〇）がフラクタル概念を提唱しました。マンデルブロによれば、「シェルピンスキーのガスケット」のような図形は「1・585……」といった中途半端な次元を持っているといいます。意味がよくわかりませんが、次元が「2」よりも小さいので、二次元図形の面積を測るのと同じ「物差し」を使うと、その面積はゼロになってしまうという話でした。

立木先生の四面体は、そんな「シェルピンスキーのガスケット」の三次元版です。見ると、京大のシンボルである時計台の写真がモザイク状に貼り付けてあり、ある特定の方向からは一枚の写真のように見えました。私を電話で呼んだ研究科長は、このフラクタル図形は次元が「2」だから二次元の写真を貼ることができる、と言います。

釈然としない気持ちでした。フラクタル図形は次元が中途半端な実数になるのが特徴だと聞いていたのに、それを立体化したこの四面体は次元が整数の「2」になるというのは、うまく呑み込めません。たしかに面白いとは思ったものの、そのときは「数学の先生はヒマなことを考えるもんだなぁ」ぐらいの感想でした。

急ハンドルを切って方向転換

その日の晩のことです。私は寝床でヒートアイランド問題について考えていました。都市の表面温度を下げるには、大きな平面で覆われている表面を葉っぱぐらいのサイズに小さくすればいい。それはわかりました。でも、それをタイルのように敷き詰めたのでは、大きな平面で覆うのと変わりません。

そこで考えたのが、木々の葉っぱの配置です。葉っぱはおおむね二次元の平らな形状ですが、その向きはさまざま。全体的に見れば、二次元のものを三次元空間に適当にバラ撒いたようになっています。

「あっ」と思いました。

昼間に見たシェルピンスキー四面体のことを思い出したのです。あれはまさに、「二次元のものを三次元空間にバラ撒いた状態」にほかなりません。

このときから私は、急ハンドルを切って研究の方向性を大きく変更しました。ヒートアイランドの原因究明ではなく、それを解消するための具体的な方法を考えることにしたのです。

もしシェルピンスキー四面体を利用した「日除け」をつくることができれば、ヒートアイランドに「涼しさ」をもたらすことができるかもしれません。なぜそうなるかという理屈は、あとからゆっくり考えればいいでしょう。いずれ私が退職してしまったとしても、誰かが研究を続けてくれるはずです。

そこから「フラクタル日除け」づくりが始まりましたが、これまで存在しなかったものですから、一筋縄ではいきません。それ以降は、半年先に自分が何をやっているか、まったく予想がつかなくなりました。次々に新しい状況が生まれて、必死に対応しているあいだに、また次の話がやってくる。一年先の計画など、鬼が笑っているかどうかもわかりません。まさにカオスです。あまりに忙しくて疲れはて、研究室で動けなくなってしまったこともありました。

紆余曲折《うよきょくせつ》を経て完成したフラクタル日除け

途中でいくつか壁にぶち当たったこともありますが、そんなときはいったん立ち止まり、状況が変わるのを「待つ」のもひとつの手です。

じつは、「シェルピンスキー四面体型の日除けで涼しくなる」という主張には、突っ込みどころがたくさんあります。「ランダムじゃなくてフラクタルでなければいけないのか？」とか「フラクタル次元2が最適なのか？」などです。これらの疑問に厳密に答えるには、おそらく相当の時間がかかってしまい、定年までに答えが出せるようには思えませんでした。しかし、樹木は長い時間をかけて「最適解」に近づいているはずです。それならば、生い茂った木の葉の「フラクタル次元」を計ってみれば、樹木に答えを教えてもらえるかもしれません。そのためには三次元測量という新しい技術が役に立つのですが、それができる機材は高価すぎてとても買えません。

そこで思いきって、その機材を持っている測量会社に電話してみました。

「あのう、すみません、葉っぱの三次元測量はできますか?」

「……葉っぱ?」

漫画なら、相手の頭上に「ポカーン」という大きな書き文字が出てくるシーンです。それはそうでしょう。測量会社はふだんその機材を使って、「この谷を埋めるのにダンプカー何台分の土砂が必要か」といったことを測っています。そのへんに茂っている木の葉は測量の邪魔者でしかありません。聞けば、コンピューター上で「バーチャル伐採」を行って、欲しいデータだけ測定するそうです。

ただ、彼らにとってはノイズでしかないとはいえ、そこに木々があれば信号は返ってきます。だから「見たことはないけど、データはとれていると思います」とのことでした。技術的には可能、ということです。しかし測量をお願いした場合のお値段をうかがうと、なんと一回で一〇〇万円。「ありがとうございました、失礼いたします」と電話を切るしかありませんでした。

ところが三ヵ月ほど経ったある日のこと。その測量会社から電話がありました。私が電話をしたあと、社内で「そんなゴミみたいなデータが何かに使えるの？　面白いね」という話になったので、試しに一度やらせてほしいというのです。

こんなにありがたい話はありません。ダメモトでも、とりあえず頼れそうな人にはお願いしてみるものだな、と思いました。それでケヤキの木を一方向からお試しで測量してもらったところ、私たちが欲しいデータがとれそうな手応えを得ました。

三次元測量は対象をいくつかの方向から測る必要がありますが、そのときは「一発」だけのお試しだったので、そこまではできませんでした。しかし本来なら一〇〇万円かかることが無料でやれたのは、大きな前進です。その後、別の企業からいただいた寄付金で本格的な三次元測量ができましたが、あのとき測量会社のほうから興味を示してもらわなければ、その時点で断念していたかもしれません。できるだけの手を打って待っていれば、そんなふうにチャンスが向こうからやってくることもあるのです。

ともあれ、フラクタル日除けが完成するまでの道のりは、私の研究生活のなかでいちばん楽しいものでした。紆余曲折の末に、二〇一九年一月には台南《タイナン》市に巨大なフラクタル日除けが完成。建築家の坂茂さんの設計によって、台南市美術館二号館の五階建ての建物全体を覆う、直径八〇メートルほどの巨大なフラクタル日除けが出現したのです。

イノベーションは生物進化に似ている

これは、私の研究生活のなかでも最大の成果であったと思います。ただ、これは私の成果というより、いろいろな人や出来事の流れのなかで生まれてきた成果だと思います。私がひとり研究室に籠もって思索にふけっても決して実現しません。実際、そのきっかけは、教養部廃止でした。それがなければ、私は海洋物理学の世界で、樹形図構造の論理を追っていたに違いありません。しかし教養部がなくなり、学生の卒業論文や修士論文の指導をする立場になったことで、ヒートアイランド問題に取り組むことになりました。

そこから先は、多くの人が想像する「研究者」の姿とはかけ離れたものでしょう。研究を始めるにあたってロクに過去の研究のレビューもせず、学生に「教科書を読むな」という指示を出すなど、いまの文科省から見れば「アホのすること」です。しかし、もし私がちゃんとレビューしていたら、たぶんこんな研究はしていません。

その後のブレークスルーも、まったく予期せぬところからやってきました。私がマジメな「研究」一筋の人間だったら、黒球温度計にもシェルピンスキー四面体にも見向きもしなかったでしょう。

そして何より重要だったのは、何に使うかわからないガラクタのような知識と技術をいっぱい持っていたことです。そのガラクタは、たとえば、小麦粉を均等に敷きつめた長さ一〇メートルの板の上に巨大なゴムのパチンコで円盤を発射する——といった数々のアホな実験から得られました。そんなことをやっているので、実験室にはホットプレートのような家庭用品が溢《あふ》れています。もちろん、こういう実験や実験装置にもまっとうな目的があるのですが、マジメな人はこういう手段をとりません。

さらに重要なポイントは、自分が思いついたその日から研究テーマを変える自由を私が持っていたことです。フラクタル日除けを布団のなかで思いついた次の日から、私の研究テーマは完全に変わっていました。

そんなことができるのは、私が巨大な研究プロジェクトに属さず、研究費も小遣い程度しかもらっていなかったからです。お金がないから小麦粉やホットプレートを使うなどというアホな方法をとらざるを得ないのですが、そのぶん、失敗しても誰からも文句を言われませんし、その技術や知識を何に使おうと勝手です。最近の研究費では、設備を本来の研究目的以外に使うことを厳しく制限されたりしますが、そんな気遣いは一切無用。思いついたときに、目の前のものを使って何でもできる環境が、イノベーションには必要なのです。

この方法論は、生物の進化によく似ています。生物は、毒を逆手にとって生きる方法を見つけたわけですが、それを目指して日夜努力したわけではありません。同僚の生物学者曰《いわ》く、「生物は、とんでもない発明も、素晴らしい道具も使ってません。目の前にあったものを使ったただけです」とのこと。ひたすらアホなことをやっているうちにうまくいく方法が見つかっただけで、そこには「本来の目的」など存在しません。

ただし、生物の進化はきわめて非効率です。しかも、危険でもある。おそらく、進化の過程では膨大な数の失敗があったでしょう。多くの生物はお互いに依存しあう共生関係にありますが、これも最初からそれを目指したわけではありません。結果的にうまくいった共生関係が生き残っただけで、うまくいかずに死に絶えたアホは膨大な数に上るはずです。

生物と違い、人間の場合は最初からある目的で協力関係を築くことができるでしょう。しかし、それには同じ目的がなければなりません。

デザイン思考という言葉がありますが、私はこれを「大まかな方向性を決めて、細かいところは試行錯誤をくり返す」ような手法のことだと理解しています。方向性もないのでは、人々は協力して考えることも行動することもできません。ただし、それは最初から厳密に決まっているわけではなく、「大まか」だから試行錯誤ができるのです。最初からうまくいく厳密な方法など誰も思いつかないから、最初はアバウトな方向だけ決めておいて、あとから細部を詰めていく。そのためには、試行錯誤する能力が必要です。

その試行錯誤のプロセスで必要なのが、ガラクタにほかなりません。それぞれのメンバーが、何に使うのかわからないようなガラクタをいかにたくさん持っているかが、試行錯誤の成否を左右するのです。

目的やルールは「後付け」でかまわない

ガラクタは、最初からガラクタとしてつくられたわけではないでしょう。たとえばホットプレートは肉などを焼くという明確な目的のためにつくられました。その目的を実現する道具として、非常によくできています。しかも、驚くほど値段が安い。つまり、じつに効率的につくられているのです。

人間は、そうやって生活に必要なものを効率よくつくってきました。しかしホットプレートとは、要するに「温度調節器付きヒーター」です。そう思えば、使い途は肉を焼くことだけではありません。あるときは「赤外線発生装置」、あるときは「流体加熱装置」になりますし、フラクタル日除けではプラスチック成型器の一部としてさんざん使いました。

しかし、そんな使い方をするときに、予算申請書や成果報告書などに「調理用ホットプレート」とは書きません。そういう書類には、もっともらしい「建て前」の名前を書きます。でも、おいしそうな焼き肉やたこ焼きの写真が印刷された箱を持って、検収を受けることになるのです。さらに説明書には「調理以外の目的には使わないでください」と書いてあります。それでも私は、「自己責任」で安全装置を外して別の目的に使ってしまうわけです。

研究目的のために、ヒーターをゼロからつくることも(原理的には)可能でしょう。でも、それではとてつもなく高価な装置になってしまいます。うまくいくかどうかわからない実験に、そんな研究費は出ません。つまり、それでは社会の協力が得られないのです。

調理用のホットプレートも汎用的な部品からつくっていたら、こんなに安くはできません。この製品の設計、製造、流通にかかわるすべての人が、その目的や使い方を理解していて、しかも、その結果としての値段が目的に見合うと消費者が判断できるように工夫をするから可能になるのです。

誰もやったことのない研究は、基本的には他人に頼れませんし、既存のルールもありません。でも、ひとりでできることには限界があります。とはいえ、酔狂な研究に協力してくれる酔狂な人はそういない。そんなとき、たまたま別の目的でつくられたものが使えればラッキーです。そして、それが結果的に役に立てば、それに新たな名前と目的が与えられる。みんなに「なるほど」と思ってもらえる目的が見えてくるのです。新たな研究の目的は、最初から社会の多くの人に理解してもらえるようなものではありませんし、やっている本人だって、よく理解しているとは限らないのです。これが自己組織化する社会です。

「そんな、いい加減な！」と思うかもしれませんが、生物はそうやって進化してきました。目的やルールは、あくまでも後付けです。これは、明確な目的を立ててそのためのルールを設定することから始める「選択と集中」の発想とは相容れません。

ルールの下での競争は研究ではなく生産活動

また、目的やルールがあらかじめ存在しないだけでなく、本来、研究の初期段階には「競争」もないはずです。フラクタル日除けがそうでした。ほかに誰もそんな道を「選択」しておらず、したがって多くの研究者が「集中」することもないのですから、当たり前です。自分たちのペースで、あちこち寄り道をしながら進む。「選択と集中」のやり方では許されないスタイルですが、多くの新しい発見は、そんな研究によってもたらされたのではないでしょうか。

スポーツが典型ですが、「競争」は誰かが競技の形とそのルールを決めたところから始まります。ルールがなければ、何を競争していいかもわかりません。学術研究とは、決まったルールの下で競争するものではなく、その競技そのものを考え出すようなものだと思います。当然、そこにはまだルールなどありません。

たとえばスキーのモーグルなどは、いまでこそ決まったルールの下で競争していますが、最初にやった人は、もしかしたらとんでもない掟破りだったのではないでしょうか。スピードを競う滑降や大回転などに飽き足りず、どうしても途中で宙返りをしてみたくなった選手がいた。ルールも競技目的も思いきり無視した「アホ」ですが、そのアホな試みが「おもろい」という話になり、新しい競技になったのではないか——そんなことを妄想してしまいます。事実かどうかは別として、そんなことがあってもいいでしょう。たとえばラグビーは、サッカーの試合中にボールを手で抱えて走り出す掟破りの少年がいたことから始まった、とも聞きます。

学術研究も、新しい価値を生み出すために、ルールや競争が本質的に必要なわけではありません。「食べられる」とわかったナマコをどれだけたくさん獲《と》れるかは「競争」ですが、それは生産活動であって研究ではありません。それが食えるかどうかを見つけるのは、効率とも計画とも無縁な「アホ」の役目なのです。

第四章　間違いだらけの大学改革

「役に立つ」だけが学術研究の意義ではないが

「それ、何の役に立つの？」――学術研究の成果に対して多くの人がしばしば抱く疑問がこれです。そしてこれは往々にして、研究者を困らせる質問でもあります。

ノーベル賞を受賞したほどの研究でも、一般人には何の役に立つのかよくわからないものは少なくありません。日本の受賞者を振り返っても、山中伸弥さんのｉＰＳ細胞や赤崎勇さんらの青色発光ダイオードなどは、誰でも「これは社会に役立つ素晴らしい業績だ」とわかります。しかし湯川秀樹さんの中間子理論や梶田隆章さんのニュートリノ振動などは、その分野に詳しい人以外には何のことだかさっぱりわからないでしょう（私も正直なところよくわかりません）。

そして、それが何だかわからないときに、人は「それ、何の役に立つの？」と聞きたくなります。「何だかわからないけど、ノーベル賞をもらうぐらいすごい発見なら、きっと何かの役に立つはずだ」と思うわけです。

でも、学術研究の価値を測る物差しは「役に立つかどうか」だけではありません。研究者自身も、みんなが「これに役立てよう」という具体的な目標を持って仕事をしているわけではない。第一章でもお話ししたとおり、むしろ研究者の多くは「この世界の真実を知りたい」というモチベーションで日夜努力をしています。

もちろん、その発見があとで何かの役に立つことは少なくありません。たとえば難解なことで知られるアインシュタインの相対性理論も、そもそもは時間や空間の正体を知ろうとするものですが、いまはGPSの時間補正に使われています。相対性理論がなければ、GPSは使い物にならないぐらい精度が低くなってしまうのです。

とはいえ、アインシュタインがその理論を考えた時代にはまだGPSなどありませんから、その役に立ったのはただの結果オーライ。そんな大発見は、ほかにもたくさんあります。現代の私たちの生活に欠かせない電子や電波も、最初に発見した研究者はそれが役に立つなんて少しも思っていませんでした。

そんなわけですから、研究者の多くは、「それ、何の役に立つの?」と聞かれると困ります。

正直に「いや、別に何の役にも立ちませんよ」と答える人もいますが、相手をガッカリさせるような気がしてしまうので、なかなかそうは言えません。

ガッカリさせるだけならまだしも、いまのご時世では「そんな研究は無駄だ！」と真正面から否定され、研究費をカットされかねない。それは避けたいので、「すぐには役に立ちませんが将来的にはムニャムニャ……」と腋《わき》にヘンな汗をかきながら（？）一生懸命に説明しようとするわけです。

九〇年代に浮上した「教養部不要論」

いまから思えば、京大の学風が危機を迎えるきっかけも、「それは何の役に立っているの？」という世間からの問いかけだったような気がします。

事の始まりは、一九九〇年代前半のことでした。その時期に大きな変革を行ったのは、京大だけではありません。国立大学では、東大を除くすべての大学が同じ改革を行いました。「教養部」の解体です。

大学の教養部は、学生が三年生から専門分野に進む前に、幅広い学術分野の教養を身につけるために設けられました。入試は学部ごとに行われますが、入学すると最初の二年間は理系も文系もみんな教養部の授業を受けます。戦前は旧制高校で教えていたようなカリキュラムが、戦後は大学の前半二年間に組み込まれたわけです。

戦後の学制改革以降、教養部はとくに疑問を持たれることなく四〇年ほど続いてきました。その存在が、なぜ九〇年代に見直されることになったのでしょうか。

直接の引き金は、一九九一年に大学設置基準の大綱化政策が実施されたことです。これによって、一般教育と専門教育の科目区分規定がなくなり、学部の教育内容がそれぞれの大学の裁量に委ねられることになりました。つまり、大学の判断で教養部を解体することが、法的に可能になったわけです。

とはいえ、教養部に大きな意義があるならば、なくす必要はありません。大学自体が「残す」と判断すればいいだけの話です。東大以外の大学がそうしなかったのは（さまざまな要因があるでしょうが）教養部の存在意義を「うまく説明できなかった」ことが、いちばん大きかったのではないかと思います。

それ以前から、大学進学率が高まったこともあって、産業界をはじめとする一般社会が大学教育のあり方に強い関心を向けるようになっていました。それまでは「大学のことは大学に任せておけばいい」と無関心だった人たちも、多くの若者が大学に進学するようになれば、そうも言っていられません。

また、八〇年代後半には大学が「レジャーランド」などと呼ばれ、「大学生は勉強もせずに遊んでばかりいる」という印象も強まっていました。そうなると、わが子をそこに送り込む保護者も、そこから出てくる若者を人材として受け入れる企業なども、「大学では一体どんな教育をしているんだ？」と知りたくなります。

しかし、各学部の専門教育は学科名などを見れば誰でも何となく理解できるのに対して、教養部の一般教育は傍《はた》から見ると何をやっているのかよくわかりません。理系から文系まであらゆる分野の授業があるので、高校の延長にすぎないような印象もあります。

そこで、「教養部は何の役に立っているのか」という疑問が生じました。いや、疑問というよりは、最初から「批判」だったと言ったほうがいいでしょう。せっかく専門的な知識や能力を身につけるために大学に入ったのに、教養部ではダラダラと二年間もかけてよくわからない一般教育を行っている。大学は四年間しかないのに、こんなことをしていたら役に立つ人材を育てられないのではないか。そんな無駄なものはなくしたほうがいいだろう——というわけで、「教養部不要論」が強まったのです。

世間には見えにくい「教養の効用」

その世論をバックにして、京大には文部省（現・文部科学省）から教養部解体のプレッシャーがかかりました。国立大学ナンバー2の京大が教養部をなくせば、ほかの大学も追随すると踏んだのだと思います。

これに対して、教養部はまともな反論ができませんでした。昔から教養部は「あって当たり前」だとしか思っていなかったので、しっかりとした理論武装もしておらず、「何の役に立つのか」という疑問に対して説得力のある説明ができなかったのです。いやむしろ、教養部内部でも改組を望んだ教員も少なからずいました。教養部というのは学部より格下ですから、改組して学部になれば、地位が上がるのです。

幅広い教養は、ないよりもあったほうがいい。それを否定する人はあまりいないでしょう。とくに昔は、「大学出＝エリート」と認識されていました。すると、最低限の教養は身につけておかないと「大学を出たのにこんなことも知らないのか」と思われ、恰好《かっこう》がつきません。理学部や工学部の出身でもシェイクスピアについて語れたり、法学部や経済学部の出身でも量子力学の概要ぐらいは押さえていたりしないと、社会でエリートとして通用しない——そんな感覚で、何となく教養部は「あっていい」と思う大学関係者が多かったのではないでしょうか。

本来、教養とはそんな上っ面の体裁を整えるために必要なものではありません。どんな分野であれ、ある程度の教養がなければ研究そのものに限界が生じます。

過去の偉大な業績の多くも、その背景には研究者自身の持つ教養がさまざまな形で「効いて」いたことでしょう。紆余曲折を経てある新しいアイデアに到達するまでのあいだに、専門外の知見がヒントを与えていたりするのです。

ただし論文にはその紆余曲折が書かれていないので、世間にはそれが見えません。論文は文学作品ではないので、余計な寄り道はせずに、自分の立てた「問い」から「答え」までをストレートに書くのが基本的な作法です。エジソンやキュリー夫人といった偉人の生涯を描いた伝記作品なら、研究の本筋とは関係のないエピソードがたくさん紹介されますが、学術論文はそういうわけにはいきません。

そんなこともあって、世間の人たちは学術研究における教養の効用を理解しにくい。そして大学側も、それをどう説明すればいいのかわからない。一方で進学率が上がり、大学を出ただけで「エリート」とみなされることもなくなりました。

ならば、エリートが恰好をつけるための教養を大学で教える必要はない。欲しいのは「役に立つ業績」なのだから、大学では専門教育を集中的にやればよく、何の意味があるかわからない教養部は要らない、という話になるわけです。

放任主義ではなく「放牧主義」

たしかに、学生として京大で過ごした経験でいえば、教養部のカリキュラムはお世辞にもよくできていたとは思いません。むしろボロボロでした。でも、だからこそ学生は何をすべきか自分でよく考えなければいけませんでした。

自分で「これをやろう」と思ったときには、それはとても便利な環境です。ガラクタはいっぱい転がっているので、遊び場としては申し分ない。わからないことを質問に行けば、たいていの先生は親切に教えてくれました（その説明がわかりやすいかどうかは別にして）。

ただ、こういう環境をすべての学生が使いこなせたわけではありません。当然、潰れていく学生も数多くいました。実際、京大は「九九人の屍《しかばね》の上にひとりの天才をつくる」ところだと、よく言われたものです。自分がその九九人のひとりになるかもしれないという恐怖感を覚えるには十分すぎる環境であったことも間違いありません。

とんでもない環境に思われるかもしれませんが、研究者養成機関としてみれば、これはある意味で合理的な環境でもありました。何しろ「研究者」は誰も通ったことのない場所に道をつけていかなければならないのです。未知の世界では、先生も頼りになりません。そこがどういうところかは、誰も知らないからです。そういう場所に踏み込む練習場として、かつての京大教養部は（やや暴力的だったとはいえ）理にかなった環境でした。

京大はよく「放任主義」といわれますが、元京大総長・尾池和夫先生の言葉を借りれば、「放牧主義」のほうが当たっていると思います。大学は学生に対して何もしないわけではなく、飢え死にしない程度にはエサを撒いてある。でも、首根っこをつかんで「これを食え」とは言わない。本人が自分からそれを食べるまで、大学は知らんふりをしている。これが尾池先生のいう「放牧主義」です。

学生から見れば、ほったらかされているようにしか見えません。いや、あえて学生からそう見えるようにしているというべきでしょう。そうでなければ、誰の助けも借りずにひとりで新たな道を切り開く力はつかないからです。

そうやって、教養部の二年間でまがりなりにも自分でエサが食べられるようになってから、各学部で専門的な研究を始める。それが京大風だったと私は思います。教養部は、単に多様な知識を詰め込むために存在したわけではありません。そこは研究に対する根本的な考え方を問う場であり、いわゆる「京大っぽさ」の源だったのだと思います。

「ぬるま湯」に競争原理を持ち込む独立行政法人化

教養部が廃止されたあとも、「無駄」を排除して自由を束縛するような大学改革が続きました。一〇年後の二〇〇三年には、国立大学法人法が成立。それまで文部科学省内の機関だった国立大学が、二〇〇四年から独立行政法人となりました。

これは、当時の小泉政権が推し進めていた「構造改革」の流れに沿ったものです。郵政民営化に象徴されるように、あの構造改革では「官から民へ」というキャッチフレーズの下、競争原理に基づく効率化が求められました。

国立大学も、「競争のないぬるま湯に浸《つ》かっているから無駄がなくならないのだ」という見方をする人が多かったのでしょう。「何の役に立つかわからないことばかり好き勝手にやっていないで、ちゃんと結果を出して社会に還元しろ」という話です。

こうした要求には、一理ないわけではありません。国立大学が、社会に対するリターンなしに、何のお咎《とが》めもなく教育や研究を続けていていいわけはないでしょう。

その点、かつての教養部は、学生の「教育」の面である程度の社会貢献を果たせるので、

「研究」のほうでは教員があまりプレッシャーを受けずに済む場所でした。

大学教員は「教育者」と「研究者」の一人二役を果たしていますが、多くは自分の仕事は「研究」がメインだと思っています。だから、できれば教養部の一般教育など担当したくない。学部の教員のほうが、研究に多くの時間を費やせます。つまり教養部の教員は、学部の先生たちが「嫌がる仕事」を引き受けていたわけです。

その代わり、学部の教員はメインの「研究」で成果を上げなければいけないというプレッシャーがかかります。一方、教養部の教員はそのプレッシャーがありません。「本業の教育はちゃんとやりますから、ちょっと頭の体操をするぐらいの研究時間はくださいよ」という感じで、研究のほうではあまり結果を気にせず好きなことがやれるのです。

私自身は、そういうスタンスのほうが「アホ」をやりやすいので、逆に研究でも大きな成果を狙えると思っていました。私はもともと理学部の出身ですが、そちらは長年の伝統を受け継ぐプライドのようなものもあるので、あまり恥ずかしいことはできません。しかし教養部なら、失敗して「何してんねん」とツッコミが入っても、「すんません、教養部なもんで」と頭をかいていれば済むようなところがあるのです。

しかし、まず、一九九三年にその教養部がなくなり、プレッシャーなしに研究のできる場がひとつ消えました。それに続いて独法化が行われ、大学全体が競争原理にさらされることで、ますます強く「成果を出せ」というプレッシャーを受けることになったわけです。

論文を量産できる「銅鉄主義」

先ほども言ったとおり、研究の成果を社会に還元する責任が国立大学にあることは否定しません。でも、そのために競争原理を持ち込むことには強い疑問を感じました。それまで競争をしたことのないところに競争原理を持ち込んでも、当事者たちが競争の仕方を知らないので、おかしなことになるとしか思えなかったのです。

というのも、そもそも競争で勝ち負けを決めようと思ったら、何らかの明確な基準がなければいけません。たとえば陸上のトラック競技なら「同じ距離を速く走ったほうが勝ち」という明確な基準がありますし、フィギュアスケートや体操のような採点競技でも、点数をつける細かい項目がいくつもあるでしょう。

では、大学の競争は何で優劣を決めるのか。教育にしろ研究にしろ、明確な判断基準はありません。目標は「有能な人材をたくさん世に送り出す」「優れた研究成果を社会にたくさん還元する」といったことでしょうが、それを客観的に比較する方法がない。そのため、わかりやすいだけで必ずしも研究の価値とは直結しない「論文の数」のような基準で競争するしかなくなってしまうのです。

しかし、研究の価値と論文数は必ずしも比例しません。もちろんサボっているせいで論文が出せない研究者もなかにはいるでしょう。しかし、たとえば研究に一〇年かけてようやく一本の論文が書けるようなテーマに取り組んでいる人もいる。逆に、一年に何本も論文が書けるような研究テーマもあります。

また、中身の価値を問わなければ、論文を量産すること自体はそんなに難しくありません。たとえば、「銅鉄主義」という言葉があります。まず銅を素材にした実験をやって論文を書き、次に素材を鉄に入れ替えて同じ実験をやる。こうすれば、ひとつの設定の実験で何本も論文を書けてしまうのです。

素材が違えば結果も違うでしょうから、それが無意味だとはいいません。しかし論文数が競争の基準になれば、そんなふうにひたすら数だけ稼ぐケースが増えることは目に見えています。効率を求めて競争原理を持ち込んだのに、それが、研究者の多様な発想を貧弱にし、かえって重要な研究業績を減らすことにもなりかねないのです。実際、国立大学の独立行政法人化以降、日本の論文数は急激に減少していますが、これは銅鉄主義などによる論文増産効果よりも、日本の研究全体が萎縮した影響のほうがはるかに大きいことを意味します。

さらに、それ以降、大学が自分たちの論文数や論文の引用数などを発表して、成果をアピールすることが目立つようになりました。本来、そんな数字は大学内部の査定基準のひとつにすぎません。それを外部に向けて「自分たちはこれだけ論文を書きました」などとアピールするのは、ほかに自分たちの業績の素晴らしさを説明する手段を持っていないことの表れでしょう。

大学の大衆化で露呈した問題点

学術研究の価値を世間様にわかってもらうのは、簡単なことではありません。それこそiPS細胞や青色LEDのような成果なら一般の人々にもすぐに理解してもらえますが、それぞれの分野の専門家同士でなければ価値のわからない研究のほうがはるかに多いでしょう。昔の大学は、それを「自分たちさえ理解していればよい」と考えて、外部に説明する努力や工夫をしていませんでした。

昔は世間の人々もそれを放置していたのですが、時代は変わります。教養部が「これは何の役に立っているのか」と疑問視されたのと同じように、こんどは大学そのものに「おまえたちは何の役に立っているのか」という問いが投げかけられた。それに対する説明責任を果たせなかったがゆえに、独法化によって競争原理を持ち込まれ、ひたすら論文数を稼ぐような消耗戦を強いられているともいえるでしょう。大学改革には、学術に対する無理解や誤解に基づく過ちが多々ありますが、それを許してしまった私たちアカデミズム側にも不作為や怠慢があったのだと私は思います。

昔は、大学の内情など外部の人はほとんど知らなかったでしょう。そのため、大学のなかで何が行われていようと、外部から問題視されることはありませんでした。大学内で何が起こっているかはどうでもよくて、ときどきノーベル賞が出ればそれでよかったのです。

しかし、大学が大衆化し進学率が上がってくると同時に、情報化時代の流れで内部の情報もどんどん外に出ていくようになりました。それによって、大学のなかと外の世界観の違いが露呈するようになったことが、このような流れの背景にあります。情報の流通がよくなったことが、かえって対立を深めてしまったような気がします。

企業内での「生産現場」と「研究開発現場」のギャップ

このような大学と外の世界の断絶、分断と似たような構造は、企業のなかにもあります。それは、生産現場と研究開発現場のあいだにあるギャップです。

製造業の生産現場では、不良品をできるだけ少なくし、効率よく高品質な製品をつくらなければなりません。それを保障するために、さまざまな基準やルールをつくり、それを厳密に守ることが求められます。まさに樹形図構造の世界観のなかで、あらかじめ決められた手順で、決められた作業を行うことが何よりも重要なのです。気まぐれな従業員が「ちょっと隣の部署の部品をつけてみた」なんてことをやらかしたら、工場全体が止まってしまうかもしれません。

それに対して、研究開発現場は新たなものをつくり出す場です。決められた枠のなかで動いていたのでは、何もできません。むしろ枠を飛び出すことが求められています。

しかし、枠を飛び出せばだいたい失敗します。それでも、可能性はどこにあるかわからないので、多様な試行錯誤が必要になる。この夥しい数の失敗を許容する多様性こそ、研究開発の現場では必要不可欠の要素なのです。

このように、確実かつ安全に生産活動をする方法と、新しい世界を開拓する方法は正反対の性質を持っています。そのため同じ企業内でも、生産現場と研究開発現場では、価値基準も違えば、仕事の仕方もまったく異なるはず。そうでなければ、イノベーションなど起こるはずがないのです。

しかし残念ながら、このふたつの現場は、お互いによく理解しあえる関係にありません。お互いに相手のことが「非常識な諸悪の根源」のように見えます。それが同じ会社にいますから、「自分には関係ない」と放っておくわけにもいきません。

このふたつの相容れない世界の狭間でうまくバランスをとるのが、企業経営というものでしょう。ところが日本の経営者の多くは「生産現場」の発想しかないようです。何でもかんでも手広く研究するのは、効率が悪い。無駄な投資をなくすには、役に立ちそうなものだけを選んで、そこにお金や人を集中的に投入すべきだ——そういう「選択と集中」の考え方に妙にこだわっている気がします。

産業界はなぜ「選択と集中」を重視するのか

この「選択と集中」は、もともと企業経営の指針として、バブル崩壊後に産業界でよく見聞きされるようになりました。バブル時代には経営の「多角化」が流行し、多くの企業が本業以外の分野に手を広げたものです。しかしバブル崩壊によって、多角経営の企業は大きな痛手を受けました。その反省から、「これからは得意な分野に絞って選択的に集中しよう」と言い出したのです。

しかし私には、そもそもバブル時代の企業経営が「多角化」していたようには見えません。

たしかに本業とは違うところで稼ごうとはしましたが、その「副業」はほとんどが不動産や金融商品などへの投資です。要するに、みんながほぼ同じことをやっていた。それぞれの企業にとってはたしかに「多角化」だったのかもしれませんが、産業界全体を見れば「多角化」なんかしていません。

むしろ全体的には、不動産投資などへの「選択と集中」を行っていたといったほうがいいでしょう。それぞれの本業という「個性」を脇に置いて、みんなで一斉に同じことをやった結果、バブルが膨らんで崩壊したわけです。

しかし産業界は自分たちが「多様性を求めて失敗した」と思い込んでしまったので、次は「選択と集中」が大事だと考えました。たしかに企業経営には、限りあるリソースを「売れるもの」に集中することが求められる面もあるでしょう。でも、時代が変われば売れるものも変化します。「次に何が売れるか」が確実に予測できることなど、まずありません。新製品の開発には多様なアイデアが必要です。

とはいえ、単に思いつきのアイデアを片っ端から出してみても、たいていうまくいきません。そのアイデアに付随するいろいろな経験が必要です。ひとつのアイデアだけで何かが実現できる可能性は低いからです。そんなにうまいものがあれば、すでに誰かがやっているでしょう。

何か新しいものができるためには、いくつものアイデアがつながっていくことが必要。いろいろなガラクタ（それまで使おうと思ったけど使えなかった）がいっぱい溜まってきてはじめて雪崩現象のようにまとまったアイデアが生まれるのです。

ですから、経営に余裕があるときに本来やっておくべき「多角化」は金融商品に手を出すことではなく、とにかく目の前にある技術や人材で（本業とは関係ないことでも）やれることをやってみることだと思います。手持ちの技術や設備でできることは、本業以外にもいっぱいあるはずです。

たとえば富士フイルムが化粧品をつくったり、オーディオテクニカが寿司ロボットをつくったりするのが、本来の「多角化」でしょう。フィルムと化粧品はどちらも化学製品ですから、まったく関係ないわけではありません。オーディオと寿司は……どう結びつくかよくわかりませんが、少なくとも、オーディオテクニカにたまたま寿司ロボットがつくれる人材がいたのでしょう。

多少の気まぐれを許してガラクタをつくり、捨てずに溜めておくと、状況が変わったときにそこから次の道が見える可能性は高まります。ただし、経営が行き詰まってからガラクタを集めようとしても手遅れ。そのときに、そんな余裕はありません。

要するに、企業が多角的な研究開発のためにくり返すべきことは「発散と選択」です。「選択と集中」をくり返したら、次に選択するものは残りません。

だから私は、産業界が「選択と集中」と言い始めたとき、「そうなると大学の出番が来るぞ」と思いました。「選択と集中」の発想では必ず行き詰まるので、もともと多様性のある大学の研究がイノベーションの基盤を担うことになると考えたのです。

しかし驚いたことに、こんどは政府が学術研究に対して「選択と集中」の旗を振り始めました。産業界でも、経済同友会代表幹事が「選択と集中」による大学改革に言及しています。自分たちが失敗したことを、こんどは大学に押しつけようというのでしょうか。

大学にも二種類の人間がいる

じつは、大学のなかも価値観はひとつではありません。文系、理系のように分野が異なれば興味も関心も異なるのは当然ですが、同じ分野でも、新しいパラダイムの構築を目指す研究もあれば、既存のパラダイムをより精緻にする研究もある。これは、企業の開発部門と生産部門の関係に似ています。

文系、理系のように分野が大きく違っていれば、壁をつくって分けてしまうことも可能ですが、同じ分野ではそうもいきません。同じ研究費を取りあうライバル関係になってしまいます。基本的な発想がかなり違うので、意外に仲が悪く、文系・理系の違いよりもタチが悪いかもしれません。どちらもその分野にとって不可欠ですが、スタイルがまるで違います。

新しいパラダイムをつくるような研究は、一発当てれば大きいですが、そう簡単に成果は出ません。一方、既存のパラダイムの上で研究するスタイルは、計画も立てやすいし、結果も確実に出てきます。当然、研究費も獲得しやすいので、羽振りもよくなる。前述の「銅鉄主義」は、こういう既存のパラダイムの上で成立する方法です。

もちろん、それはそれで誰かがやらないといけない研究でもあるのですが、新しいパラダイムを狙うタイプの人から見れば、面白くありません。新しくもないことをやっているにもかかわらず金回りはいいので、つい「銅鉄主義」などとやっかみを入れたくなるのです。

このように、同じ大学や学会のなかでも、ある種の「分断」があります。ただし会社と違うのは、研究者にはテーマの選択にかなりの自由度があること。すべて思いどおりになるわけではありませんが、自分の置かれた立場と興味との兼ね合いで、自分にとっていちばんやりやすい形をとることが可能です。「この研究をしなさい」と命令されることはあまりありません。

このあたりが、外部から「研究者は好き勝手にやっている」と誤解されるところでもあります。でも、たしかに「好きなこと」はやっているでしょうが、必ずしも「身勝手に」やっているわけではありません。そこには、ある種の秩序があります。

たとえば銅鉄主義の研究者も、新しいパラダイムが生まれなければ新たなテーマが生まれません。一方、新たなパラダイムをつくる研究者も、できたばかりで貧弱なパラダイムを銅鉄主義によって強固なものにしてもらう必要がある。お互いに依存関係にあるので、心のなかではお互いに「よくそんなバカなことやってるわ」と思いながらも、口では「とても素晴らしい研究ですね」と褒めたたえたりもするわけです。

したがって、それぞれが身勝手に振る舞っているわけではありません。たとえ相手の研究が気に入らなくても、殺しあいの喧嘩はできないようなフィードバックがかかっています。そういうフィードバックがかかった状態で自己組織化するのが、生態系にほかなりません。生態系では、明文化されたルールや指揮命令系統がなくても秩序が生まれるのです。

研究を低迷させる「目的外使用」の制限

このような生態系に外から何らかの「力」を加えて、生産性の高い銅鉄主義を少し増やすことはできます。実際、そのほうが研究費も得やすいので、学術界にはそのような力がかかりやすい。それでも、新たなパラダイムを求める研究者が即座に絶滅するわけではありません。ある程度の自由度さえあれば、少ない研究費でさまざまな工夫をして、手持ちの機材を流用したりしながら生き延びます。そして、彼らが生き延びることによって、銅鉄主義も生き延びることができるのです。

ところが、この外部の力がある限界を超えて、一方の研究者を著しく制約してしまうと、それまでの生態系が成り立たなくなり、全体のバランスが崩れてしまいます。こうなると、いくら銅鉄主義の研究者に研究費をつぎ込んでも、全体の生産性は上がりません。

これこそが、いま日本の大学でまさに起きていることです。最近の科学行政は「すぐに成果の上がる研究」に潤沢に投資する一方、すぐに成果が出にくい研究への投資を容赦なく削減するようになりました。さらに、研究費や機材の「目的外使用」も厳しく制限しています。

これも、学術研究の低迷に大きな影響を与えていると私は思います。

研究者はしぶといので、少々お金がなくても、どこかに「隙間」を見つけてこっそりやりたいことをやる人種です。「そんないい加減な金の使い方はケシカラン」と怒られそうですが、新たなパラダイムを探すときは、研究者自身それが「絶対にうまくいく」という自信などありません。半信半疑で「ま、やってみるか」と可能性を探ることのくり返しです。そんな研究で、立派な研究計画が書けるわけがありません。たいていは、何か別のものをこっそり目的外使用することで目鼻をつけ、ある程度の見通しがたったところで研究費の申請をするのです。目的外使用は、世の中に実質的な負担や迷惑をかけずに、研究者が新たなことに挑戦することができる数少ない手段です。

本能的な好奇心が先駆的な研究を生む

たとえば、ビッグバンの証拠となる宇宙背景放射を発見して一九七八年にノーベル物理学賞を受賞したペンジアスとウィルソンのふたりは、「電波天文学」という新たなパラダイムの先駆者となりました。しかし、その研究を始めた当時は、研究所長に「そんなくだらない研究はやめておけ」とも言われたそうです。

所長に「くだらない」と言われたら、多額の研究費などもらえません。そのため彼らは、衛星通信の研究用のアンテナを流用しました。しかも彼らは、もともと宇宙背景放射をとらえようと思っていたわけではありません。じつは、彼らが研究を始めた当初から、宇宙背景放射の信号はそのアンテナが受信していました。ただ、彼らはそれがノイズだと思って、それを取り除く努力をしていたのです。おそらく、宇宙背景放射の存在が予言されていたことをよく知らなかったのではないかと思います。

ですから、「この研究は宇宙背景放射を発見してビッグバン理論を確立するためのものである」などと大々的な研究計画書など書けるはずがありません。とにかく、何があるかわからないから研究をする。それが先駆的な研究のスタイルなのです。

このように、機材の目的外使用や、本来の研究のついでに「ちょっと別のこと」をやってみることを許容しない限り、新たなパラダイムはつくれません。計画書には書かれていない「遊び」の部分が必要なのです。

では、そういう先駆的な研究をする人は、なぜ、そうまでして研究するのでしょうか？　そういう人にも、もっと堅実に成果の出る研究をする能力はあるはずです。そういう研究計画をつくれば、研究資金も獲得できるでしょう。

それでもわざわざ「そんなくだらない研究」をするのは、それが面白いからです。「真理の探究」といった高尚な表現もできなくはありませんが、それを支えているのは単純な好奇心です。これまで知らなかったことが目の前に次々と現れるのですから、こんなにワクワクすることはありません。

好奇心そのものは人間だけでなく、おそらく犬や猫にもあるでしょう。ある種の生き物には本能的に備わった性質なのだと思います。好奇心があるから、いろいろなことを学習して、生存競争を有利に戦えるようになる。研究者の原動力も、そういう本能的な好奇心です。必ずしも「世のため、人のため」に新しいことを知ろうとするのではありません。それは、あとからつけた理屈でしかありません。

こういう言い方は、工学系の研究者の方には違和感があるかもしれません。工学の目標はあくまで「役に立つこと」です。しかし、それは理学の「真理の探究」と同じで、その前に、純粋な好奇心に基づく活動があるのではないかと私は思います。エジソンが電球のフィラメントに竹を使ったのは、たまたま彼の研究所に、お土産の扇子があったからです。それを実験素材として調達したわけではないのです。

そういう単純な好奇心から得られるのは、個別の知識です。しかし人間は、その知識とほかの知識を関連づけたり、そこからさまざまな方向に推論を広げたりすることができる。そうやって個別の知識が溜まってくると、頭のなかで臨界状態の知識がパーコレーションを起こすのです。そのときの感動は、体験したことのある人でないとわからないでしょう。きっと、先駆的な研究にこだわる人たちは、そんな感動のとりこになって、それを追い求めているのです。

牛をムチ打っても乳は出ない

これは、学術研究だけに起こることではありません。企業内のイノベーションも同じだと思います。大きなイノベーションにつながるアイデアや技術はすぐに大きな動きにはなりません。いまは使えないガラクタがいっぱい溜まって、それがある臨界値を超えたときに、一気につながって何か新しい意味を持つようになる。そうなるまでには、時間がかかります。でも、巻き込むガラクタが多ければ多いほど、動き出すと大きな流れになるでしょう。イノベーションを起こすには、その前に臨界状態の混沌が必要なのです。

そして、そのガラクタは技術者が必ずしも「世のため、人のため、会社のため」と思って集めたものではありません。技術者自身の個人的な興味から出てきたものです。そうでなければ、そのガラクタは使い物にならないでしょう。生物の本能的な活動から出てくるものだからこそ、理屈を飛び越えて大きな流れが起こせるのです。理屈でつながるものであれば、最初からほとんどつながっているでしょう。

乳牛にたくさん乳を出すようにムチを打っても、乳は出ません。むしろ、気持ちよくリラックスしてもらわなければならないのです。

「おれたちは乳牛にエサを与えるために汗を流して一生懸命に働いているんだから、乳牛も努力すべきだ」

そんなことを言っても意味はないでしょう。エサを無理やりたくさん食べさせても、乳がたくさん出るようになるわけでもありません。無理やりエサを与えて、ムチを打てば、乳牛は死んでしまいます。

大学や企業の研究も同じこと。競争原理を持ち込んで、強いプレッシャーをかければ成果が上がる――という単純なものではありません。いまの日本の科学技術政策は、まさにそこが間違っているのです。

競争を持ち込んではいけない、とは言いません。私が言いたいのは、「生態系を壊すような過度な競争を持ち込んではいけない」ということです。

二〇〇四年の大学独立行政法人化以降、すでに日本全体の生態系としての研究開発能力が急激に落ちてきていることは、さまざまなデータが明確に示しています。政治家や経営者のみなさんは「エビデンス」という言葉がお好きですが、それが盛大に揃っている。ならば施策を変更すべきでしょう。ところが政治家や官僚、財界トップの人々は「それは乳牛が努力しないせいだ」と言い張っているのです。このままいけば、日本の科学技術は死にます。

「飽きる」というリスク回避能力

「そんな言い草は、研究者のわがままだ」とおっしゃる方もいるかもしれません。そうです。たしかに、わがままです。でも、生物はもともとわがままなもの。そして、人間はわがままと理性の狭間で生きています。そんな葛藤は、私たち一人ひとりの日常にもあるでしょう。

たとえば、家の近くに素晴らしいイタリアンレストランがあったとします。その料理はとてもおいしく、しかも安い。さらに素晴らしいことに、シェフは常に栄養バランスを考えて、いろいろな食材を使って丁寧に料理してくれる。毎日そこのレストランで食事をすれば、身も心も健康でいられるはずです。

でも、たまには蕎麦《そば》が食べたくなりませんか？　蕎麦屋は遠くて、蕎麦しかない。メニューにサラダはないので、それだけでは栄養バランスが悪い。しかも頑固親父が手打ちにこだわってるので、安くない。それでも蕎麦が食べたくなるのが人間です。

これは、まったく合理的ではありません。理屈で説明するのは不可能でしょう。栄養バランスもよくて、値段が安く、近いから時間の節約にもなるのですから、合理的に考えたらイタリアンレストランに行かない理由なんかありません。

でも、蕎麦が食べたくなる。毎日イタリアンでは飽きてしまう。何とも「わがまま」な話です。では、そんな「わがまま」は封印したほうが賢いのでしょうか？

合理的判断に従って毎日イタリアンレストランに通い続けていたら、ある日、店に「倒産しました」という張り紙が出るかもしれません。これは困るでしょう。毎日そのレストランだったので、ほかの店を知りません。

もっと理性的に考えれば、そんな良質のサービスを低価格で提供するレストランは、いずれ経営が苦しくなることまで予想しておくべきだったかもしれません。でも、そんなムズカシイ予想をしなくても、このリスクを簡単に回避する能力を生物は持っている。それが「飽きる」ということです。

自然界で生きる野生生物は、徹底的に同じ獲物だけを食べていたら、その獲物が絶滅してしまうかもしれません。そうなったら、自分たちも生き残れない。「飽きる」という性質は、そんなリスクを回避できるスグレモノです。

ただし生物は、そういうリスクの存在を知った上で「飽きて」いるのではありません。ただ単に飽きているのです。もし飽きない生物がいたら、このようなリスクを回避できずに絶滅しているでしょう。たまたま「飽きる」という性質を持ったために、生き延びているのです。

無駄のない人生はそれ自体が無駄？

人間には、「わがまま」以外にも、「気まぐれ」や「怠惰」など、誰もが否定的に見る性格がありります。しかしそれも、「その性質があるから生き延びてきたのだ」と考えれば、人類にとって重要な特性かもしれません。

これは、ひとりの人間の性格の話にとどまらず、会社組織や人間社会全体にもいえることです。「いやいや、個人の性格の話を会社の仕事の話と結びつけられては困る」とおっしゃるかもしれません。しかし、人間社会も自己相似なのであれば、個人の事情が社会全体にも反映されているはず。それがスケールフリーという概念です。社会全体の構造と同じ構造が自分のなかにもあるからこそ、自分よりもはるかに大きな社会について想像することができるのです。

音楽やスポーツといった活動は、まったく腹の足しにはなりません。生物として生きる上では、まったく必要のない行為です。でも、人間はそれを好んで行います。しかも、それでお金が回る。不要な活動で経済活動が成り立つのですから、人間とはまったく不思議な生き物です。単に生命を維持することだけを考えれば、スポーツも音楽も無駄でしかない。そんなことにエネルギーを費やすのは、アホ以外のなにものでもありません。ちゃんと働いて、食い扶持《ぶち》を稼ぐのがマジメな生き方というものです。

でも、そうやって何の趣味も楽しみもなく生きるのは、逆に「無駄に生きている」だけのような気もします。結局、人間はアホとマジメを行ったり来たりしながら生きているのです。そして、アホとマジメの狭間で生きるという現実は、ひとりの人間の心のなかだけでなく、社会全体についても成り立つのです。

臨界状態で自己組織化する人間社会

このように、社会全体が自己相似のスケールフリー構造を持ち、臨界状態にあるという考え方（世界観）は、ひとつの大きな視点を与えます。もちろん、これですべてが説明できるというつもりはありません。あくまで概念的なモデルです。

これまでは、すべてがランダムで平均的な統計量に支配されていると考える「ランダムモデル」がひとつの主要な概念でした。また、すべての事柄は正しい原理から導き出されると考える「樹形図モデル」もそれなりの説得力を持っています。しかしスケールフリー構造の世界観は、そのふたつのモデルよりも、はるかに現実味のある考え方です。

そもそも、人間社会も含めて自然界に「正しい」ものはありません。もちろん、ニュートン力学が間違っているといいたいわけではありませんが、その正しさは世界の一部でしかないでしょう。ニュートン力学のような「正しい法則」から世界の正しい姿が導き出せるかというと、そんなことはない。ニュートン力学に限らず、ある特定の単純な原理からこの世の中が決まるわけではないのです。

だからといって、すべてが偶然によってランダムに起こるわけでもありません。ランダムな世界とは、物理的にいうと、もうこれ以上は何も起こらない「死」の世界を意味します。その社会は、みんなてんでんバラバラの「烏合《うごう》の衆」状態ですから、私たちが現に暮らしている世界とは違います。私たちの世界には、何らかの秩序があるからです。

前述したとおり、カオスにもある種の秩序があります。決してランダムではありません。パイこね変換の規則は厳密に決まっています。それでもカオスが起こるのです。

フラクタルを含め、べき乗則が顔を出すような現象は、何らかのフィードバックがかかった状態で、ある種の臨界状態（すなわち何かがせめぎあっている状態）で起こります。そして、自ら秩序を生み出し自己組織化するのです。外部の条件とかかわりなく自己組織化するので自己相似にならざるを得ない、といってもいいかもしれません。

人間社会も、ある種の臨界状態で自己組織化しているのだと思います。組織化のルールは、神様が決めたわけでもなく、誰か偉い人が決めたわけでもありません。社会のなかで自然に決まるのです。しかも、その決まり方は「押したら、押しただけ縮んで止まる」というような線形な決まり方ではなく、あちらを立てればこちらが立たず、という状態の狭間（臨界状態）で、どっちつかずの状態を維持しているのです（ということがべき乗則が出てくるということから示唆される）。

こういう状態で、無理やり片方の理屈を押し通すととんでもないことが起こる、というのは山火事の例（第二章）でも容易に想像がつきます。何が何でも山火事を抑え込もうとすると、とんでもない規模の火災が頻発するようになる。かといって、まったく制御不能というわけではありません。小規模な火災は放置する（または、小規模な野焼きを計画的に行う）ことによって、大規模な山火事のリスクを下げることはできます。

現実の世界は、おそらくこのような臨界状態のバランスがいたるところで起こって、全体の秩序を保っているのでしょう。そうやって自己組織化されたものが、人間社会も含めた生態系なのです。そういう世界では、すべてを知っている人は誰もいません。たとえば会社にしても、社長が組織全体の様子を把握できるわけではないでしょう。どこでどんな「バタフライ効果」が生じるかわからないので、何かを変えたときに、どこにどのような影響が出るかをすべて完璧に予想できる人はいません。

多様性を奪う「選択と集中」は危険な作戦

そういう状況でもっとも危険なのは、自由度を減らすことです。そもそも臨界状態とは、ある意味で「無茶な」状態にほかなりません。嚙《か》みあわないふたつの世界の境界で、無理やり辻褄を合わせている状態だからです。筋の通らないことを受け入れざるを得ないという意味では、ひどく「ブラック」な状況でもあるでしょう。

しかもこの世界では、そんな臨界状態があちこちに生じます。ひとつの臨界状態でさえ極端に振れる可能性の高い状態なのに、それがいくつも組み合わさって辛うじてバランスを保っている。ちょっとした変化で、いつ、どこが破綻するかわかりません。

でも、そこに高い自由度があれば、どこかでその矛盾を吸収する（うやむやにする）ことができますし、別の組み合わせによって辻褄を合わせる（破綻したものを別のものに交換する）ことも可能でしょう。

生態系は、きわめて微妙なバランスで成り立っているといわれます。それにもかかわらず、生態系はそう簡単に崩壊しません。それは、きわめて高い自由度を持っているからです。それが、いわゆる「多様性」なのです。

これに対して「選択と集中」は、いま現在うまくいっているところに集中投資するという作戦です。マジメに考えれば、それは合理的な考え方でしょう。うまくいっていないところに投資するなど、アホ以外のなにものでもありません。

しかし、世の中が臨界状態で成り立っているという認識に立つと、これはじつに危険な作戦といわざるを得ません。いまの状態にうまく落ち着いているのは、そこに高い自由度（多様性）があるからです。最適解の周りに最適でないアホがいっぱいいるから、維持できている。それを排除してしまったら、ほんのちょっとした変化にも対応できずに破綻してしまうのです。

いったん選択と集中をしてしまうと、それ以外のことができなくなります。選択した道から外れることができないのです。外れようと思っても、やったことがないから怖くてできない。だから、何が何でも選択した道をひたすら走り続けるしかなくなるのです。

逆に、選択をしなければ、いくつもの選択肢が存在します。もっとも効率のよい方法が何らかの都合でうまくいかなくなっても、別の方法をとればいい。効率はいくらか落ちるかもしれませんが、選択肢がゼロになるよりもはるかにハッピーです。

気まぐれにいろいろな方法をとっていると、時として効率が悪すぎて青ざめることもあるでしょう。でも、そういう経験を積むと「何が危ないか」という勘が働くようになります。これは、新しい試みに向かって踏み出すときに大きな武器になる。とりあえず可能性のありそうなことをやってみて、うまくいかなくても、行き当たりばったりで別の方法を考えることができるようになります。これができないと、新しいことには手が出せません。

社会のなかでの大学の役割

さて、そういう社会で大学が果たす役割とは何でしょう。

大学は、ある意味で社会の「最先端」を行く場所だと思われています。「先端」という以上、そこには何らかの方向性があるでしょう。では、その方向は何が決めるのか。

大昔の大学は神学や哲学が中心でしたから、「神にもっとも近い」という意味で最先端だったかもしれません。それが近代になると、神様の代わりに科学が中心になります。世の中には何か「根本原理」のようなものがあって、人間は科学的手法によってそれに近づけると信じてきました。そこにもっとも近いのが、大学です。研究者には、その「最先端」から「正しい道」を世の中に伝える宣教師のようなイメージがあったのではないでしょうか。

実際、二〇世紀は科学の発達が世の中に大きな恩恵をもたらしてきました。ですから、科学が社会の変化をリードし、研究者はその先頭に立っているというイメージが生まれるのも自然な成り行きかもしれません。

近代以前の神にしろ、近代以降の科学にしろ、「最先端」というイメージは樹形図構造のパラダイムに則《のっと》っています。しかし新しい世界観では、この世には神様もいなければ、根本原理もありません。

もちろん、特定の条件で成り立つ局所的な法則はたくさんあります。でも、その法則をすべてに適用することはできません。世界全体を見渡せば、そのような個々の法則とは別の「臨界状態」の法則によって支配されているのだと思います。お互いに矛盾するいくつもの世界があって、それらがせめぎあいながら自己組織化していくことで、秩序を生み出している。その秩序が最初から規定されているわけではありません。だからこそ、ニュートン力学を知らない犬や猫も生きていくことができるわけです。

では、ニュートン力学に意味がないかというと、そうではありません。私たちはその知識を得たおかげで、犬や猫よりもはるかに強い力を持ちました。しかしその力が役に立つのは、生態系としてのこの世界のごく一部分にすぎない。広大な生態系全体は、私たち人類がコントロールできるような代物ではありません。考えてみれば、人類全体をひとつの国家にまとめることすらできていないのですから、世界全体を支配することなどできるわけがないのです。

多様性と柔軟性が生態系を安定させる

そういう世界では、「大学の役割」が最初から具体的に決まっているわけではありません。これまで大学は科学技術の発展に大きく貢献し、それが人々の生活を向上させることに役立ったので、それが本来の役割のように見えるかもしれませんが、それは自己組織化によってそうなっただけの結果論です。だいたい、科学技術が役に立ったといっても、その多くは純粋に好奇心から始まったものでした。

結果的に社会の役に立ったから、これまでは社会から「役に立つ科学技術」への投資がされてきました。それも自己組織化によるフィードバックの一部です。いつまでもそれがうまくいくとは限りません。そのような形で大学の役割を固定化してしまうと、生態系としての自由度が失われ、社会全体の不安定化につながります。山火事の初期消火に成功したからといって、それを徹底するとかえって制御不能の山火事が頻発するようになるのと同じです。

科学技術の目覚ましい発展に伴って、日本社会は高度経済成長を成し遂げました。当時の人々は、そんな時代の先に素晴らしい世界があると思っていたでしょう。そして、その変化の先端に大学が存在すると思っていたのではないでしょうか。

たしかに、大学からは多くの新しい知識や技術が生まれました。しかし、その根っこにある基礎知識は、高度成長のために生まれたわけではありません。最初はまったく世の中の役に立たない単なる「遊び」と思われていたものばかりです。だとすれば、大学を社会の先端に位置づけたのは世の中の流れであって、最初から大学が社会を引っ張って流れをつくったわけではありません。

そして、いまや時代の流れは大きく変わりました。いまの世の中に、「科学技術の進歩の先に素晴らしい生活があるはずだ」という憧れはあるでしょうか？　私たちの世代は「鉄腕アトム」に夢を膨らませましたが、いまの子供たちが科学漫画に夢中になるでしょうか？

少なくとも、日本では多くの人々が物質的にはかなり満足しているように見えます。実際、いまの若者は車を欲しがりません。また、コンピューターに夢中になることもありません。それらは、すべて「存在する」ことが当たり前で、特別なものではなくなったのです。

もはや、世の中に物質的な豊かさを求める大きな流れはなくなりました。少なくとも、以前よりずいぶん弱くなったのは間違いないでしょう。その代わり、世の中の人々はもっと多様な価値観を求めるようになったのではないでしょうか。

そのような変化は自然に起こるものなので、強引に以前の流れに戻そうと思ってもできません。それが生態系です。そして、その変化を妨げずに、流れに沿って変わっていける多様性と柔軟性こそ、生態系を安定に維持するカギなのです。

大学は磨けば光る「原石」の山

この世に絶対的に正しいものは存在しないので、これまでの価値観に基づいて過去のパラダイムを強引に維持しようと努力することも一〇〇パーセント間違いだとはいいません。しかし、おそらくそれはどこかで行き詰まり、大きな痛手を受けることになるでしょう。

そういう劇的な変化を避けられるかもしれない方策を、私たちは知っています。それは、「無理に制御しようとしない」ことです。そして、いろいろな可能性を確保しておく。そうやって多様性を維持するのが、絶滅という劇的な変化を避けるためのもっとも有効な手段であるに違いありません。絶対にうまくいく方法はないけれど、袋小路に入って行き詰まる可能性を下げることはできるのです。

私は、その多様性を維持するのにもっとも適した場所が大学だと思います。大学の多様性はそんなに立派なものではありません。そこに転がっているアイデアの原石のほとんどは「アホ」です。それをどう磨くかは、これからの話。磨き方はこれからの流れによって変わりますが、何に化けるかわからない石ころはゴロゴロしています。明日を生きるために効率よく整理された大学外の世の中には、それがありません。

遠い将来の新しい流れをつくる原石が大量にあるという意味で、大学は社会にとって「宝の山」です。その宝の山が、いま、潰されようとしている。これは、じつにもったいないことではありませんか？

アホとマジメの役割分担

前にもお話ししたとおり、人間を含めた多くの生き物には「好奇心」や「飽きる」という性質が本能としてインストールされているのだと思います。ただし人間はほかの生き物とは違い、好奇心や飽きる気持ちを抑制し、目的を持って黙々と仕事をする能力も持ちました。そのおかげで、より高度な仕事ができるようになったわけです。

ですから、マジメな勤勉さを失ってしまったら、人間として成立しないでしょう。しかし、アホな好奇心をなくしてしまえば生物として存在し得ません。人間はそんな矛盾を抱えており、その葛藤のなかで生きているのではないかと思います。

だから「アホとマジメ」は二者択一ではありません。人間の社会には、どちらも必要不可欠です。そして大学という場所は、社会のなかで「アホ側」のいちばん端っこに位置づけられるのではないでしょうか。だとすれば、ひたすらマジメに効率よく研究や教育をしているだけでは存在する意味がありません。簡単にいってしまえば、もっと子供っぽくて無邪気な場所になってよいのではないかと思います。

社会では多くの人々が汗を流して働いているなかで、大学がアホみたいな自由を享受して遊んでいると「不平等だ」と言われるかもしれません。でも、そもそも社会は不平等なのです。社会がいろいろな事情を抱えた矛盾する集団であり、異なるルールや法則がぶつかりあう臨界状態として存在するならば、ある種の不平等は避けられません。

ただ、その不平等は単なる「役割分担」という見方もできるでしょう。それこそ、平等を求めて一〇人の村で全員が米づくりをしていたら、いつまでもナマコという食材は発見されません。マジメな五人に米づくりを任せて、アホな五人を自由に遊ばせておくと、食料が多様になる。不平等であっても、そうやって役割分担をすることで社会は豊かになり、将来の食料不安に備えることもできるのです。

マジメな人がアホな人間を見ると、「どうしてもっとマジメに考えられないんだ」と怒りたくなるかもしれません。しかしその一方で、アホな人間はマジメな人を見て「どうして、そういう堅いことしか考えられないんだ」と呆れています。でも、どちらも必要なのですから、お互いに不満をいわず、自分の得意な生き方をすればいいのではないでしょうか。

たぶん、「アホはケシカラン」と言うマジメな人にとって、アホな世界で生きていくことは死ぬほど苦痛でしょう。そういう人は、無理にアホになる必要はありません。マジメな人には、マジメに生きてもらいたい。アホな世界は、アホに任せればいいのです。

大学と企業は「アホ」と「マジメ」のガチンコ勝負をすべし

これまで大学は、膨大に溜め込んだアホな知識のなかから、結果的に役に立ちそうなものを「成果」として世に出してきました。もともとはアホな種から生まれたものですが、商品としてはきちんとマジメなケースに入れて出荷していたわけです。

ところが二〇世紀はその商売がうまく行き過ぎたせいか、マジメな商品として要求される完成度が上がってしまいました。一方、それを最終的に製品化する企業は、効率化のために自社の研究機能を縮小しつつある。その結果、いまの大学は企業の研究開発部門のような状態になりつつあります。

しかし、社会における企業と大学の役割分担を考えると、これはおかしなことだと私は思います。大学の存在意義はあくまで「多様性」であり、その種から生まれた「役に立つもの」の完成度を上げていくのは、企業の役割のはず。アホな多様性とマジメな効率性は、両立しません。だから、役割分担する意味があるのです。

もちろん、企業と大学の共同研究のようなお金が動く話になると、どうしても「マジメ」な論理で契約をせざるを得ません。すると、大学が企業の研究開発部門のような役割を担う形になってしまいます。

でも、イノベーションがアホとマジメがせめぎあうところで起こるのだとすれば、これは本来の目的から外れているといわざるを得ません。企業は「アホ」と「マジメ」の矛盾を大学に押しつけてしまったほうが楽ですし、大学も表面的に「マジメ」な顔をするほうが交渉しやすいという事情はあるでしょう。しかし、これはどちらも無責任ではないかと思います。

本来、大学と企業は「アホ」と「マジメ」のガチンコ勝負をすべきです。別に、喧嘩をしろという意味ではありません。それぞれの立場をはっきりさせた上で、それをお互いにすりあわせていくのです。それが「臨界状態」のあり方だと思います。

選択と集中は絶滅への道

大学とは、特定の知識や技術を生むために組織されたものではありません。とくに目的のない多様なガラクタ知識が自己組織化して、ときどき役に立つものが生まれてくる。大学の存在意義は、結果的に出てきたその「成果」ではなく、そういう成果を生み出す「場」にあるというべきでしょう。

そういう場から運良く出てきた「成果」を使って経済を回すのが、企業の役割です。大学と企業は、基本的に異なる原理で動いている。異なる原理に基づくものが接する境界は、一方の論理だけでは破綻します。経済界の論理だけで大学を動かすのは間違っています。

そういう境界では、細部にわたって厳密に整合性をとることはできません。全体として、何となく辻褄を合わせるしかないでしょう。経済界の論理だけで効率化を求め、成果が出そうなところに投資を集中しても、かえって全体の効率を下げる結果になるのです。

通常の経済活動が行われる場所が、いろいろなルールに基づいて効率的に動いている都会だとすれば、大学はサファリパークか自然保護区です。マジメで賢い都会人にとって、非効率で危険がいっぱいのサファリでの生活などアホ以外のなにものでもないかもしれません。

でも、サファリをなくせば都会も困ります。

たとえばヒョウの毛皮が高く売れるなら、危険を冒してでもそれをたくさん手に入れようとするのが都会の論理でしょう。とはいえ、効率よく乱獲すればヒョウは絶滅します。だからといって、ヒョウだけにエサを集中的に与えても、必ずしもヒョウが増えるわけではありません。一見ヒョウとは関係ないところにもおこぼれが回るようにしないと、生態系は回らないのです。

それを「非効率だ」と考える都会では、「ヒョウだけを完全人工飼育しよう」という話になるかもしれません。でも、仮にそれが可能になったとしても、ヒョウの毛皮の人気が落ちて売れなくなったら、それで終わりです。

そのときに「次に売れるのは何だ」と探しても、生態系が壊れてしまっていたら、何も残っていません。だから、「選択と集中」は絶滅への道なのです。

終章　アホとマジメの共同作業

やはり正しかった森 毅《つよし》さんの「ムダの効用」

「若いうちから、もっとムダせい」――これは、京大教養部の名物教授として長く活躍された数学者、森毅先生の言葉といわれています。

森先生は数々の名言を残されました。私には、その多くが「京大らしいなぁ」と感じられます。同じ感想を抱く人は多いでしょう。ちなみに先の言葉の続きはこうです。

「ムダがどれだけ身につくかで、教養が広がるんやからね」

教養部の存在意義を端的に語っているような気がします。森先生は、一貫して「ムダの効用」を説く教育者でした。こんなこともおっしゃっています。

「人間は、過去の努力をどんどんムダにすることで、新しいことに向かうことができる。年をとるといくらか心弱って、過去の努力の結果をたよりたくもなるものだが、努力をどんどんムダにできるのが若者の特権である。そして、どれだけ自分の努力を葬りながら先へすすめるかにその人の器量はかかっている」

「学問でも芸術でも何でもそうだけど、大てい新しいことはハイリスク、ハイリターン覚悟で少数派が試みる。実は少数派のうちの、そのまた大部分がつぶれることで世の中は進んでいく」

本書をここまで読み進めてきたみなさんには、これらの言葉の意味がよくおわかりでしょう。新しい価値を生むには、どんどんムダなことをしたほうがよい。それができるのは、効率を重んじる多数派ではなく、失敗を恐れない少数派。その成功率はひどく低いけれど、それは社会の未来のために必要だ——。

森先生はマジメを否定しているわけではありません。「ぼちぼちでええんや。そのほうがうまく行く」。あくまで、マジメななかにも（少数の）アホやムダが必要だということを主張されているのです。

森先生には、「誰にでも平等に不平等はやってくる」という名言もありました。ここまでお話ししてきたカオスやスケールフリーネットワークの存在を、はるか昔からご自身の経験と鋭い感受性によって見抜いていたとしか思えません。

かつては直観的にしか持てなかった認識に、理屈の裏づけがある程度できるようになってきたのは、比較的最近のことです。スケールフリーネットワークの発見を含む複雑系科学の発展によって、ようやくこのようなあいまいな考え方に理屈の上でもポジティブな評価を与えられるようになりました。

複雑系の科学はまだ発展途上ですから、それを人間社会全体に当てはめるのは時期尚早かもしれません。また、私は複雑系科学が専門でもないので、それを正確に理解できていないかもしれません。

しかし私は、樹形図構造とスケールフリー構造の関係性に気づいてから、それまで漠然と感じていただけだった京大文化の意味が腑《ふ》に落ちました。ところが皮肉なことに、このような複雑系科学の発展と時を同じくして、世の中はどんどん「厳密さ」を求めるようになっています。晴れて京大的な「変人」が活躍できる時代がやってきそうなときに、逆に「変人」の立場がどんどん悪くなっていく。この状況に対して、森先生が長く在籍していた京都大学が何も言えないのは、何とも悔しいことです。勇み足を承知で、もう少し言わせてください。

変人は社会を安定化する

森先生の言葉はたいていユーモアのあるボケなのですが、ひとつとても強い意志を感じるものがありました。

「人間を粘土みたいにこねまわしたがる奴は、軍人であろうと教師であろうと、一生呪うことにしている」

よほど人に命令されることが嫌いだったのだと思いますが、この言葉は変人の真骨頂ともいえるでしょう。変人にとっては、「自由」が命。それを取り上げられることに対する嫌悪感が、ここでは爆発しているように感じます。

組織の秩序に忠実なマジメな人から見れば、勝手なことをする変人は諸悪の根源でしょう。そんな人の自由は奪ってしまいたくなるかもしれません。しかし、それがいかに危険であるかということは、これまでに述べてきたとおりです。組織の邪魔者に見えるアホな変人は、組織の将来のために必要不可欠な存在なのです。

もっとも、「この世はカオスだから、いつ組織の正義が崩壊するかわからない。そのときに変人が必要なのだ」と言われても、いつ必要になるかわからない変人をずっと許容し続けるのは難しいでしょう。でも変人は、予測不能の火事場でバカ力を発揮するだけがその役割ではありません。

カオスを発見したローレンツは、無限の自由度（無限の変数）を持つ連立方程式から、主要な三つの変数だけを残して、大胆にもあとは無視してしまいました。当時はみんな「簡単な方程式には簡単な答えがあるはずだ」と信じていましたから、たった三つしか変数のない方程式でさえ挙動が複雑で予測困難だとわかったのは、大きな衝撃です。現実の世界はもっと多くの変数が複雑に絡まりあっているので、その挙動を理解しようとすれば、とんでもないことになってしまう。誰でもそう想像します。

しかし、たしかに自由度が上がれば解の動きはより複雑になるのですが、じつはその場合、変動の振れ幅は逆に小さくなる傾向にあります。自由度が増えたことで、いろいろな方法で全体の辻褄合わせができるようになるからです。辻褄を合わせることで全体のバランスが大きくは崩れないので、大きく振れる必要がなくなるのだと解釈していいでしょう。これは、山火事を抑える（つまり火事になる自由度を減らす）ほど制御不能の山火事が頻発するという経験則とも符合します。

これを人間社会に当てはめると、どうなるか。自由度が低くなるのは、いわば秩序に従順な主流派だけを残して異端を排除した状態です。すると、社会が不安定化するといってもいいかもしれません。歴史的にも、異端を排除するような政策は不幸な結果しか生んでいないように思います。

異端＝変人といえども社会の一員であり、全体のネットワークのなかで何らかの役割を果たしているに違いありません。その役割が主流派からは見えないだけで、じつは「いないと困る」のです。

複雑系においては、いわゆるフィードバックループが重要な役割を果たします。自分の影響はそのフィードバックループを通じて思わぬところに影響し、自分に跳ね返ってくる。自由度が大きければ、多少の変動はどこかで吸収される可能性が高いでしょう。しかし自由度を減らしてしまうと、変動が吸収しきれず、逆に増幅されて返ってくることもあり得ます。そして、社会全体の変動をすべて掌握できる人は誰もいません。みんな、自分の周りしか見えないのです。誰にもコントロールできない大きな変動のリスクを確実に下げようと思ったら、変人を含めた多様性を維持する以外にありません。

大嫌いな奴も含めての「多様性」

そもそも人間の社会に多様な個人が存在することを否定する人はあまりいないと思います。

生物学的には同じ種ですから、私たちには誰を見ても「同じ人間だ」と思える面もたくさんある一方で、どんな生き物もそうであるように個体差（個性）があるのも事実。いまの社会は、その個性を封じ込めて画一的な生き方を強いるのではなく、多様性を受け入れながら発展できるよう、ルールやシステムを整備していこうとしています。

しかし「多様性が大事だ」と口で言うのは誰でもできますが、実際にそれを受け入れて秩序を保つのはそれほど簡単なことではありません。よく「お互いに理解しあって仲良くすれば、多様な社会をつくることができる」などと言いますが、じつはそれが難しい。どうしても理解できない他人や、絶対に仲良くできない敵対者も必ず存在するのが「多様な社会」だからです。

それは生物界の多様性を見れば明らかでしょう。生物は多様だからこそ四〇億年も生き延びてきましたが、個々の生物種同士は食物連鎖という敵対関係にあります。「多様性を受け入れる」とは、「自分たちが捕食される可能性を排除しない」ということにほかなりません。みんな仲良くできる関係であれば、多様性は成立しない。すると、自分たちも含めて生物全体が滅亡の危機を迎えてしまうわけです。

私は以前、Ｗｅｂメディアのインタビュー記事でこんな発言をしました。

〈多様性は、「みんな色々でいいですね、楽しいですね！」ではない。大嫌いなやつ。絶対合わない、目も合わせたくない。そういう奴も含めての多様性だ。カエルにとってのヘビや、人間にとってのゴキブリこそが多様性だ〉

世間一般が抱いている「多様性」のイメージとはかなり違うでしょう（違うと思うからこそ私はこんな発言をしたわけです）。ところが、インタビュー記事がＷｅｂに掲載されて一年くらいたったあるとき、突然ツイッターでこの発言が引用され急激に拡散（これを「バズる」といいます）し、私の元記事へのアクセスも急増しました。一体何が起こったのかと、ちょっと調べてみると、どうやらいわゆるＬＧＢＴ（性的少数者）の人たちのあいだで、この発言が共感を呼んだようです。

ＬＧＢＴは、まさに社会の多様性を象徴するような存在です。その権利をめぐっては、自民党の女性議員によるひどい差別発言もありました（ちなみにその女性議員は、科研費をめぐって学問の自由を否定するような発言もしていました）。みんなが自分たちのことを理解してくれる必要はない、わからないなら放っておいてくれていいから、せめて差別はせずに黙って存在を受け入れてほしい――そんな本音を持っているからこそ、私のツイートに共感したのではないかと想像します。

いずれにしろ、多様性を受け入れようと思ったら、理解できない人や嫌いな人の存在にも耐えなければいけません。でも、それは自分だけが耐えているわけではない。お互い様です。LGBTの人々に対して違和感を抱く人は多いかもしれませんが、LGBTの人々もそういう多数派に対して違和感があるでしょう。その違和感はやむを得ないものとして受け入れるのが「多様性のある社会」です。

大学の試験で一〇〇点満点は必要ない

しかしいまの学生たちを見ていると、無意識のうちに「みんな仲良くしなければいけない」というプレッシャーを受けているような気がします。だから、本当は多様なはずの個性をあまり見せようとせず、みんな同じようにソツなく振る舞うのではないでしょうか。その結果、「変人」が行き場を失ってしまうのです。

若い世代に限らず、いまは多くの人々が強い承認欲求を抱えている社会。それを象徴するのが、SNSにおける「いいね！」でしょう。みんな、周囲から「いいね！」を押してもらわないと不安になってしまうのです。

でも、大嫌いな奴とも共存していくのが本当の多様な社会ですから、そこでの人間関係は必ずしも「いいね！」の押しあいにはなりません。他人と違う自分の個性を押し出して生きていこうと思ったら、「いいね！」を欲しがる必要などない。世の中は、お互いに価値を認めあえない人間同士で成り立っているのです。

だからいまの学生たちには、自分が京大入学時に言われたよりも強い口調で「遠慮なくアホなことせい！」と伝えたい。もちろん教員のひとりとして、それができる環境をつくる責任もあると思っていますが、大学は先生に言われたことだけやっていればよい場所ではありません。

いまの学生は、何をやるにしても「やっていいですか？」と許可を求めようとする傾向があります。勝手な判断でやると、失敗したときに責任を追及されるのが怖いのかもしれません。「コンプライアンス」の名の下に些細な瑕疵《かし》も見逃さずに厳しく対応する社会的風潮が広まっているせいもあるでしょう。

たしかに世の中には、必ず許可を得なければいけない物事があります。でも一方で、勝手にやってみて失敗しても、「すんまへん、すんまへん」と謝りながら自分で責任を負えるものもある。失敗したら何百万円も損失が出るようなことは許可を得てからやったほうがいいでしょうが、すぐにやり直せば済むようなことは、とりあえず自分の判断でやってしまってもいいはずです。

しかしいまの学生の多くは、許可を得ないと安心して物事に取り組めません。もっと問題なのは、「やっていいよ」と許可を与えると、それだけで「自分にできる」と思い込んでしまうことです。

たとえば使ったことのない工具を実験で使うとき、どうすればうまくいくかは、自分で力加減や角度などを探らないとわかりません。うかつにやると、器具を壊したりしてしまう。だからこちらは「やっていいよ」とは言っても、「キミならできる」とは言っていません。「トライしていいよ」という意味ですから、様子を見ながらおそるおそるやってみてほしいわけです。

ところが彼らは、「許可されたこと＝自分にできること」だと思っているらしく、いきなり見よう見まねで思いきりやってしまい、案の定、失敗する。それで「なんだ、できないじゃないですか！」などと言ってきます。とにかく失敗をさせないような教育を受けてきたのかもしれません。失敗しながら加減を身につけていく経験をしていないので、自分にできないことは許可されないと思っているのでしょう。

これでは、指示や許可なしで自分の進む方向性を決めることはできません。「アホ」には必ず失敗がつきまといます。むしろ、失敗があり得ないことはやっても意味がない。それは、たいがい誰かがすでに成功していることだからです。

学校の先生が完全に把握しているカリキュラムを教わる高校までとは違い、大学は過去にない新しい価値を生み出す場。まだ誰も知らない問題の答えを模索するのが、「研究」という活動にほかなりません。その答えは、指導している教員さえ知らないのです。

ですから、高校までは一〇〇点満点ばかりとってきた人でも、大学の試験で一〇〇点満点をとる必要はありません。教員の出す問題に教員の望む答えを出すだけでは、何の意味もない。学生たちは三〇年後に私たち古い世代がまったく知らない問題を解かなければいけないのですから、現在の一〇〇点に満足してもらっては困るのです。

もちろんどんな学問にも基礎になる知識や作法などはあるので、〇点ではダメ。泳ぎ方も知らないで無茶なことをすれば、溺れてしまうでしょう。溺れずにアホをやるためには、試験の点数は六〇点ぐらいでかまいません。残りの四〇点分は、教員も与《あずか》り知らないところで自分なりに稼ぐ。その部分はいくら失敗してもいいし、他人から「いいね！」をもらう必要もない。自分でやり方を探りながら、無許可で突っ走ればいいのです。

気まぐれは「能力」である

ところで、第二章で紹介したバラバシは、簡単なルールで、スケールフリーネットワークがつくれることを発見しました。それは、「新たに友達同士をつなぐ（リンクをつける）ときに、すでにたくさん友達を持っている人（ノード）に高い確率でリンクを張る」というルールです。

　ここで重要なのは「絶対にそうなる」ではなく、「高い確率」でそうなるという点。全員がモテる人に絶対リンクを張るわけではなく、そこには確率的な「気まぐれ」の入り込む余地があります。

　もし「気まぐれ」の確率を極端に高めて、すでに持っている友達の数に関係なく、みんなが同じ確率でリンクを張ると、それはスケールフリーネットワークではなく、ランダムネットワークになるでしょう。逆に、「気まぐれ」を排除してモテる人にリンクを張る度合いを上げるとスケールフリーネットワークが出現するのですが、その度合いをさらに上げると、ひとりのカリスマが世界を支配するような「ひとり勝ち」の状況が生まれます。

　現実の世の中は、ランダムネットワークでもなければ、「ひとり勝ち」でもありません。基本的には「モテる人がモテる」状態なのですが、そこにモテない人にリンクを張るような「気まぐれ」が適度に混ざっている状態です。このスケールフリーネットワークが強靭《きょうじん》かつ柔軟な性質を生んでいることは、第二章で説明しました。

　完全に気まぐれ（ランダム）だと、ネットワークはある種の烏合の衆と化し、集団としてまとまった動きがとれません。逆に、生マジメすぎると一極集中が起こり、集団としての柔軟性が一挙に失われます。

これは、社会の構造を考える上で非常に示唆的です。一極集中が起こってカリスマが出現したとき、そのカリスマは最初から特別な能力を持っていたわけではありません。何かのきっかけで人気が出ると、人気が人気を呼ぶ状態になって、カリスマが出現するのです。いったんそのような状態になってしまうと「カリスマがコケるとみなコケる」という危険きわまりない社会になるでしょう。

この世には、絶対的に正しいものはありません。正しいことをすべて知っている人もいません。だから、一極集中は危険なのです。それに対してスケールフリーネットワークは、何か状況が変わったり、事故や故障が起こったとき、別の状態に連続的に変化することができる。手探りで「よりよさそうな状態」を探すための強力な武器なのです。

そのようなスケールフリー状態を維持するには、みんなが「マジメ」になってはいけません。「気まぐれなアホ」が適度に存在するのがスケールフリーネットワークです。また、第四章で触れた「飽きる」という性質も同じようにカオスの世界を生き抜くには重要な性質です。ですから「気まぐれ」や「飽きる」は決してネガティブな性質ではありません。このような世界を生きる上で、必要不可欠の「能力」なのです。

年寄りの言うことを聞きすぎる若者たち

多様性のある社会をつくるために、とくに若い世代の人たちには、「アホ」や「気まぐれ」を怖がってほしくありません。

「近頃の若いモンは……」はギリシャ時代からある普遍的な年寄りの愚痴だそうですが、それは「年寄りの言うことを聞かない」のが若者の普遍的な特性だからでしょう。そして、若者が年寄りの言うことを聞かないからこそ、世の中は進歩する。もちろん、ゼロから社会を再構築するわけにはいかないので、年寄りの言葉をすべて無視はできませんが、年寄りが愚痴をこぼす程度の「反抗」は社会を維持する上で必要不可欠だと思います。

私もご多分に漏れず、先ほどのように「近頃の学生は……」などとこぼすことが多くなってきました。でも、それは「若者が言うことを聞かない」からではありません。「若者が年寄りの言うことを聞きすぎる」から愚痴るのです。

私は「若者は枠からはみ出そうとするものだ」と思ってきました。だから、何かはみ出したところを教育のスタートラインだと考えていたのですが、最近では学生がほとんどはみ出そうとしないので、困っています。でも、それは学生だけのせいではありません。大学のほうも、

「改革」と称して、素直に指示に従う学生を高く評価する制度に変わりつつあります。

現在の「大学改革」は、基本的にアメリカの制度をお手本にしているように見えますが、そもそもアメリカと日本では教育システムも社会構造も違います。荒っぽく単純化していうなら、アメリカはまず初等教育で自我の確立を目指し、高等教育でさまざまな「知識」を叩き込むようなシステム。日本はその逆で、まず初等教育で基本的な読み書きそろばんの知識をしっかり叩き込んでから、高等教育で自分なりのやり方を確立するシステムです。どちらもそれなりに筋の通ったやり方でしょう。

ところが現在の教育改革は、初等教育の方針はそのままに（というより、さらに管理を強化）して、大学のほうだけアメリカ式に変えようとしています。これでは、初等教育でも高等教育でも知識を叩き込むばかりで、若者が自立して新しいことを考えられるようになりません。イノベーションどころの話ではないのです。

実際、大学では引きこもりや、精神的なトラブルを抱える学生が非常に増えています。昔からそういう学生は一定数いましたが、現状は私の学生時代とくらべて一桁多いのではないかと思います。彼らは決して不真面目ではなく、能力的に問題があるわけでもありません。むしろ、素直で優秀な学生です。でも、その多くに共通するのは、自分が何をしたいのかがわからないこと。能力はあるので、自分が何をしたいか考える暇もないくらい多くの具体的な課題を与えれば、よい成績をとるでしょう。でも、それは問題の先送りにすぎません。

一方、あまり問題のなさそうな明るくて積極的な学生でも、単に要領よく周囲から高い評価を得ているだけで、必ずしも自分の意志がはっきりしているわけではない、ということもよくあります。むしろ、こちらのほうが深刻な時限爆弾かもしれません。おかしな大学改革が、そんな若者を生み出しているのです。

人生の意味は自分のなかから湧いてくる

昨今の働き方改革の議論を聞いていても、大学改革の議論と同じような危機感を感じます。工場のラインで働く人々の給料が、拘束時間で決まるのはわかります。しかし、いま働き方が問題になっているのは、主にホワイトカラー。その労働価値は、単純に時間では評価できないはずです。ほかに適当な評価基準がないから「時間」を使っているだけで、そのような基準はあくまで「目安」にすぎません。

そのような状況で、「残業時間をどう評価するか」といった規則だけの議論に明け暮れているのを見ると、「規則を守る」こと以外の価値観はないのか？　と思ってしまいます。現在の日本の社会は、あまりにルールに厳格になりすぎているのではないでしょうか。

所詮、ルールは人がつくったものです。絶対的に正しい人がいないのと同様、絶対的に正しいルールなど存在しません。より「正しい」または「適切な」ルールをつくるべきだという意見もあると思いますが、その前に、それぞれの個人が自分の価値観を持っていることが大前提です。それなしにルールの議論をしても、堂々めぐりになるだけでしょう。

そもそも、私たちは何のために生きているのか。規則を守るために生きているのでしょうか？ いいえ、規則はそれぞれの人が充実した人生を送るための道具にすぎません。

戸田山和久さんの『哲学入門』（ちくま新書）に、人生の意味とは「ありそでなさそでやっぱりあるもの」で、最初からどこかに存在するものではなく「湧いてくる」ものだという表現がありました。私は、これがとっても気に入っています。

人生に悩んで引きこもってしまったような学生が、よく自分探しの旅に出るのですが、なかなかうまく自分を見つけられません。どうも、彼らは自分の外に自分を見つけようとしているような気がします。つまり「自分の人生の意味」が、どこか自分の外にあると思っているフシがある。そのような学生の多くは、それなりに自尊心があるので、自分のなかに何か湧いてきた小さなものを見つけても、「自分はそんなつまらないものではないはずだ」と思ってしまうのかもしれません。だから、それを育てようとはしない。どこか外の世界から与えられた大義名分がないと、自分の気持ちに対して素直に従うことができないのではないかと思うのです。

自分のなかから何かが「湧いてくる」とは、まさに「自己組織化」だと思います。自我もはじめからあるわけではなく、それぞれの心のなかで自己組織化によって生まれてくるのではないでしょうか。

社会も同じです。社会にとっての「正しい」目的や目標が最初からあるわけではない。そこに所属する人々があれこれともがきながら動いているうちに、社会としての目標が生まれてくるのだと思います。つまり、私たち一人ひとりが社会の目標設定にかかわっている。ですから、自分の「外」にある社会のルールに無理に合わせることはありません。自分のなかから「湧いてくる」何かを社会とのかかわりのなかで育てていけばいい。これができてはじめて「人生の意味」が見えてくるのではないでしょうか。

「目的も目標もなく、ただやみくもに行動しろと言うのか！」と怒られるかもしれません。でも、最初の一歩はそれしかないと思います。止まっていても、何も始まりません。おそらく生物の進化は、そういう気の遠くなるような試行錯誤の積み重ねなのです。

アホのエネルギーがイノベーションの動力源

私たちの知識には、すでに体系化され確立したマジメな知識と、どこにどうつながるのかわからない断片的でアホな知識があります（117頁図11）。アホな知識は、そのままでは何の役にも立ちませんが、たくさんのガラクタが集まってくると、少しずつ塊をつくって、何か意味がありそうな気配がしてきます。それがある程度の密度になると一気につながって、役に立つマジメな知識と合体するのです。

京大では「役に立つ」ではなく「おもろい」が評価基準だといわれてきました。この「おもろい」という感覚は、一つひとつでは意味をなさないガラクタ知識がつながって意味を持ち始めるときに感じる興奮のことだと思います。関係なさそうだった知識がつながったとき、脳細胞のどこかが興奮し、ある種の快楽物質が放出されているのではないでしょうか？

それはまだ、「役に立つ」段階ではありません。でも、そこにいたる前の重要なステップです。マジメな知識とアホな知識の狭間で、アホな知識が相転移して意味を持ち始める。この「おもろい」というスリリングな体験を味わうためには、たくさんのアホな知識を持っているだけではいけません。それを広げてつなぎあわせるマジメな知識も必要です。

残念ながら、アホな知識が「役に立つ」かどうかを最初から見極める手段はありません。だからこそ「アホ」な知識と呼んでいるのです。むしろ、とくに意味がないから、いろいろなものと組み合わせて新たな意味を生み出すことができる。これこそ、自己組織化です。全体の流れができたときにはじめてその部分的要素の「意味」が出てくるのであって、最初からその要素が「意味」を持っているわけではありません。

そのような自己組織化が起こるためには、アホな要素がある一定以上の密度で存在することが必要です。そこに何かの拍子にある流れができると、アホな要素の向きが揃ってより大きな流れができ、それがさらに多くのアホを巻き込んで巨大な流れになる。これこそが「イノベーション」にほかなりません。

その動力源は、アホのエネルギーです。バラバラの要素が意味を持ち始め、ある方向に揃って進むことで、そのエネルギーが最大化されるのです。それは、磁性体の相転移の様子（89頁図9）に似ています。決して、誰かひとりが頑張ってできるものではありません。

「ステイ・ハングリー、ステイ・フーリッシュ」というスティーブ・ジョブズの有名なスピーチも、この「アホのエネルギー」の大切さを言っていたのではないでしょうか。

彼がつくったマッキントッシュ・コンピューターは、文字がとてもきれいなことが大ヒットの要因でした。その美しい文字の原点は、彼が大学を中退したあとに受けたカリグラフィ（書法）の授業です。コンピューターの基礎を教える授業ではありません。彼が大学を中退しなければ、そんな素養を身につけることはなかったはずです。

また、同じく大学を辞めたスティーブ・ウォズニアックをはじめ、ジョブズの周りに大勢のアホがいなければ、いまのアップルに向かう大きな流れは起こらなかったでしょう。ジョブズ自身も、そんな展開は予想だにしていなかったはずです。

世界がカオスだからこそ人間は自由意志を持てる

本書では、この世の中が予測不能であることを強調してきました。しかし当然ながら、予測可能な現象もたくさんあります。ニュートン力学は多くの場面で正しい予測を弾《はじ》き出しますし、水は一気圧のもとでは０℃で凍って、１００℃で沸騰します。

でも、個々に正しい予測のできる法則や知識を積み重ねても、世の中全体が回りまわってどうなるかはまず予測できません。これは、決して悪いことではないと思います。もし、すべての事柄が厳密に予測可能であるならば、私たちは自由意志を持ち得ません。その場合、過去から未来まで、何が起こるかはすべて根本法則によって決まっているからです。予測不可能だからこそ、私たちは自由意志を持つことができる。また、カオスは過去の記憶も消してくれる重要な現象です。

もちろん、明日の天気予報はかなりの確率で当たるでしょう。台風の進路がわかれば、それに対処することもできます。しかし一ヵ月後に台風が来るかどうか、誰にもわからない。行き当たりばったりのトライ・アンド・エラーで対処するしかありません。

これは基本的に、野生生物と同じです。ただし私たちには「役に立つマジメな知識」もあるので、動物よりは効率よく試行錯誤ができるでしょう。ある程度の予測能力はあるので、すべてを手当たり次第にやらなくても、ある程度は論理的にアホ知識の守備範囲を広げることができるのです。

ですから、カオスな世界で生き残るには、「アホとマジメの共同作業」がうまくいくかどうかがカギ。マジメに計画を立てて着実に実行しても、それで安全が保障されるわけではありません。かといって、やみくもにアホなことばかりすればよいというわけでもない。小さなアホをたくさん集めて大きな集団をつくるのはとてつもない手間がかかりますが、それでもアホは資源としてアホのままマジメに育てる。そして、臨界値を超えて大きな流れができてきたら、それを整理してマジメな世界に取り込んでゆく。人間社会は、このようにして進歩してきたのではないでしょうか。結局、アホとマジメの狭間で、両方をうまく使いながら生きていくしかないのだと思います。

ひとりの人間のなかに、アホとマジメは棲《す》んでいます。それと自己相似的に、社会のなかでもアホな部分とマジメな部分が混在しています。ところが最近はマジメの勢力が強くなって、アホの立場が弱くなってきてしまいました。

それはマジメのほうが「正しく」見えるからですが、そもそも絶対的に正しいものなどありません。生物界はアホのルールで回っています。人間も生物の一種である以上、もっとアホが堂々としていなければなりません。

自分のなかの「アホ」に途惑う必要はない

もちろん、アホだけでは人間として失格です。でも、すべての人や組織が両方をバランスよく持っている必要もありません。そもそもお互い矛盾するものですから、共存は難しいのです。ですから、どちらかに偏った人や組織があってもおかしくありません。

ただ、それはどちらが正しいというものではなく、役割分担です。全体として、ある程度のバランスを保っていればよいのです。お互い理解できないからといって、排除しあうことは、自分自身の否定につながります。

マジメな人には、アホの気持ちが理解できないかもしれません。でも、多様な社会における共生関係は、お互いにわかりあうことができなくても成り立ちます。異なる価値観を理解はできなくても、その存在がなければ社会が成り立たないことを受け入れさえすればいい。ですから、「理解できない」という理由でアホを排除しないでほしいと思います。

もちろん、そんなアホの気持ちをわかってくれる人もたくさんいるでしょう。日常的な社会生活のなかでも、人間はすべてマジメに考えて理屈どおりに行動しているわけではありません。自分のなかでアホとマジメが喧嘩することは、誰にでもあるはずです。

根がマジメな人は、自分の心に現れた「アホ」に途惑い、悩んだりストレスを感じたりするかもしれません。でも、そもそも人間は矛盾した存在です。それでよいのだと思います。何か新しいものをつくり出そうと思えば、それがiPS細胞だろうと、ドローンのような技術であろうと、ラーメンの新メニューであろうと、アホが必要になる(これを「研究」と呼びます)。自分のなかのアホに寛大になれれば、気が楽になるだけでなく、生活がよりクリエイティブで楽しいものになるはずです。

矛盾を受け入れ、失敗を恐れるな

本書を締めくくるにあたって、政治家や経営者、大学人、そして学生諸君へのメッセージをそれぞれお伝えしておきましょう。本書が広く一般読者を想定して書かれたことはいうまでもありませんが、ここで述べてきた主張を現実の世の中で活かすには、とりわけその三者に深く理解してもらう必要があるからです。

まず、政治家、経営者の方へ。

私はこれまで、世の中の相容れない矛盾をうまく丸めて、紛争をおさめ世の中をまとめるのが政治家の役割だと思っていました。また、経営者は相容れない価値観同士を無色透明な「貨幣」という価値でつなぎ、それぞれの価値観の落差を利用して経済を回す人だと思っていました。どちらも、この世界に否応なく存在する矛盾を呑み込むことができる偉大な人々だと思っていたわけです。ひとつの世界を矛盾なく構築することを目指す大学の人間（いわゆる学者）には、そのような仕事はできません（ただし大学人は、その外側に自分には手も足も出ない広大な世界があることも知っています。それが、教養です）。

ところが昨今は、政財界の人々が社会の矛盾を呑み込もうとしていません。まるでひとつの価値観だけが正しく、それ以外は邪悪な存在であるかのような主張がなされている。これは私にとって大きな驚きです。

バブル崩壊以前に日本経済が絶好調だったのは、そこにアホのエネルギーが詰まっていたからでしょう。アホなガラクタが集まったところに、それを役立てられる流れが起きたから、投資以上の利益が得られたのです。

そのアホを排除して、自分たちが「選択」した価値観だけに「集中」して投資しても、何も起こりません。それは、この世が予測不能なカオスだからです。この世界観が複雑系のコンテキストで語られるようになったのはごく最近ですが、それと同様のことは、ずっと以前から森先生をはじめとする教養人たちが主張してきました。

いま政財界で活躍されておられる方々は、教養部がある時代に大学を卒業されたことでしょう。ところが「選択と集中」に邁進《まいしん》されるみなさんの言動からは、微塵《みじん》も教養が感じられません。これは、かつて教養部に籍を置いた私のような大学人の大いなる失敗です。それを謙虚に反省し、今後は二度とこのようなことがないように、微力ながら本書を執筆した次第です。

次に、大学人のみなさんへ。

カッコつけるのは、もうやめませんか？

研究とは、人がやらないことをやることです。そして、そのほとんどは失敗します。ふつうの常識人から見たら、そんな仕事がカッコいいわけないじゃないですか。

これまで研究者の多くは、失敗を隠し、うまくいったことだけ世間に公表して、体面を取り繕ってきました。でも、この情報化時代に、そんなやり方がうまくいくとは思えません。これまでの常識が成り立たないところに踏み込むのが研究という仕事なのですから、常識的な予測は立てられない。計画どおりに進む研究などあるわけがないし、もしあったとしたら、それは研究とは呼べないでしょう。はじめからわかっていたことを「研究」と称しているだけで、それは詐欺みたいなものです。

これからは、カッコ悪い失敗が当たり前であることを、一般の人にも広く理解していただかない限り、私たちの「研究」は続けられません。そういう時代になったのだと思います。いつも成功しているかのような虚勢を張るのはやめて、「常識破りのプロ」「失敗のプロ」として生きていきませんか？ アホな失敗ばかりしているけど、たまに社会の役に立つ。そんな存在であるべきだと思います。

もちろん、「失敗するのが当たり前」という生き方をすべての人々に理解してもらうのは、ほとんど不可能でしょう。だから、「この研究は必ず何らかの形で役に立つ」と世の中にアピールしなければいけない——その気持ちもわからなくはありません。

でも、そんな「建て前」で取り繕い続けていれば、かえって世の中の不信感や誤解を招きます。それによって、私たちは自分たちの立場を悪くしてきたのではないでしょうか。

それに、みんなに理解してもらう必要はありません。世の中が思ったとおりにいかないことは、研究者でなくても何らかの形でクリエイティブな活動をされている人々なら、実感として理解されているはず。そういう人たちには、私たちの本音が通じると信じています。本音で理解してもらえない人々に建て前で理解してもらうより、数は少なくても、本音で理解してもらえる人の信頼を得ることのほうがはるかに重要だと思います。

もっとも危険なのは、大学の教員がカッコつけることで、足元にいる学生たちが研究の本質を誤解してしまうことでしょう。これは、まさに命とりです。

論文は研究の重要な成果のひとつですし、世間に研究の価値を示す手っ取り早い指標ですが、研究はそれだけじゃない。少なくとも私にとって、研究のいちばんの醍醐味《だいごみ》は、アホな知識が相転移してマジメな知識に結晶する瞬間に遭遇することです。

そのためには、アホとマジメの狭間を徘徊《はいかい》するしかありません。学生や若い研究者にとって、論文を書くことが研究の第一の目的になってほしくはありません。

最後に、学生諸君へ。

みなさんは、これまで「清く正しく」勉強をして大学まで進学してきたのだと思います。しかし残念ながら、現実の世の中は「清く」も「正しく」もありません。世の中は矛盾だらけですし、わからないことだらけです。私たちが知っていることは、この世界のごく一部にすぎません。

数十年後、みなさんは私たち教員世代が知らない問題を解決しなければなりません。その答えは、いまはどこにもありません。当然、教員も知りません。だから、「先生の言うことをマジメに聞いていれば生きていける」と思ったら大間違いです。大学は、そういうわけのわからない世界に自分の足で入っていけるように訓練するところ。いつまでも、自分の前に先生はいないのです。

「じゃあ、これまでの勉強は無駄だったのか」と思うかもしれませんが、決してそんなことはありません。勉強で身につく知識がなければ、わけのわからない世界に踏み込んだとたんに、高い確率で死にます。自然界での生存率はきわめて低いのです。一匹の魚は何十万個もの卵を産みますが、そのなかでオスとメスが一匹ずつ生き残れば個体数は維持できる計算になります。

つまり、ほとんど生き残れないのです。そうならないための勉強です。

もちろん、最初は失敗します。先生にも怒られるかもしれません。でも、それでいいのです。むしろ、怒ってくれる人がいるうち（大学生のうち）に失敗しておくべきでしょう。失敗したらすべて終わりというわけではありません。それまで自分が気がつかなかった道が、いくらでもあります。それが多様性というものです。

自分が世の中の先頭に立ったときには、もはや怒ってくれる人も、褒めてくれる人もいません。最終的に頼れるのは、自分だけです。

大学の授業に出席して勉強した気になっていてはいけません。いまや、体系化された知識は大学に来なくてもネットやその他いろいろな媒体から得ることができます。そんなものを得るためだけに、わざわざお金を払って大学に来るのはもったいない。大学は、もっと大きな世界観を得るために使ってください。

大きな世界観とは、必ずしも海外に出ないと得られないものでもありません。世界の縮図は自分のなかにもあるのです。自分の心と素直に向きあうことが、その第一歩です。

そのためにもっとも重要なのは、失敗を恐れないことです。最後に世紀のイノベーター、トーマス・エジソンの名言を引用しておきます。

それは失敗じゃない。
その方法ではうまくいかないことを発見したんだ。
だから成功なんだよ。

参考文献

The physics of the Web, A.-L. Barabasi, Physics World 14, 33-38（2001）
アルバート＝ラズロ・バラバシ著、青木 薫訳『新ネットワーク思考——世界のしくみを読み解く』NHK出版、二〇〇二年
マーク・ブキャナン著、水谷 淳訳『歴史は「べき乗則」で動く』ハヤカワ文庫、二〇〇九年
メラニー・ミッチェル著、高橋 洋訳『ガイドツアー 複雑系の世界——サンタフェ研究所講義ノートから』紀伊國屋書店、二〇一一年
ラプラス著、内井惣七訳『確率の哲学的試論』岩波文庫、一九九七年
高次元科学会編『自然界の４次元』朝倉書店、二〇一〇年
酒井 敏『都市を冷やすフラクタル日除け——面白くなくちゃ科学じゃない』成山堂書店、二〇一三年
戸田山和久『哲学入門』ちくま新書、二〇一四年
『京大変人講座』三笠書房、二〇一九年
『子供の科学——私の理科研究 入選発表号』一九六八年五月号臨時増刊、誠文堂新光社

酒井 敏（さかい さとし）

京都大学大学院人間・環境学研究科教授。一九五七年、静岡県生まれ。専門は地球流体力学。「京大変人講座」を開講し、自身も「カオスの闇の八百万の神―無計画という最適解―」をテーマに登壇して学内外に大きな反響を呼んだ。「フラクタル日除け」などのユニークな発明で、京大の自由な学風を地でいく「もっとも京大らしい」京大教授。九二年、日本海洋学会岡田賞受賞。著書に『都市を冷やすフラクタル日除け』（成山堂書店）。

京大的《きょうだいてき》アホがなぜ必要《ひつよう》か カオスな世界《せかい》の生存戦略《せいぞんせんりゃく》

集英社新書〇九七〇B

二〇一九年三月二〇日 第一刷発行

著者……酒井《さかい》 敏《さとし》

発行者……茨木政彦

発行所……株式会社集英社

東京都千代田区一ッ橋二－五－一〇 郵便番号一〇一－八〇五〇

電話 〇三－三二三〇－六三九一（編集部）

〇三－三二三〇－六〇八〇（読者係）

〇三－三二三〇－六三九三（販売部）書店専用

装幀……原 研哉

印刷所……凸版印刷株式会社

製本所……ナショナル製本協同組合

定価はカバーに表示してあります。

ISBN 978-4-08-721070-5 C0236

Printed in Japan

a pilot of wisdom

a pilot of wisdom

日本の犬猫は幸せか　動物保護施設アークの25年　エリザベス・オリバー
おとなの始末　落合恵子
性のタブーのない日本　橋本　治
ジャーナリストはなぜ「戦場」へ行くのか ——取材現場からの自己検証　危険地報道を考えるジャーナリストの会・編
医療再生　日本とアメリカの現場から　大木隆生
ブームをつくる　人がみずから動く仕組み　殿村美樹
「18歳選挙権」で社会はどう変わるか　林　大介
3・11後の叛乱　反原連・しばき隊・SEALDs　笠井　潔／野間易通
「戦後80年」はあるのか ——「本と新聞の大学」講義録　一色　清／姜尚中　ほか
非モテの品格　男にとって「弱さ」とは何か　杉田俊介
「イスラム国」はテロの元凶ではない　グローバル・ジハードという幻想　川上泰徳
日本人　失格　田村　淳
たとえ世界が終わっても　その先の日本を生きる君たちへ　橋本　治
あなたの隣の放射能汚染ゴミ　まさのあつこ
マンションは日本人を幸せにするか　榊　淳司
敗者の想像力　加藤典洋
人間の居場所　田原　牧

いとも優雅な意地悪の教本　橋本　治
世界のタブー　阿門　禮
明治維新150年を考える ——「本と新聞の大学」講義録　一色　清／姜尚中　ほか
「富士そば」は、なぜアルバイトにボーナスを出すのか　丹　道夫
男と女の理不尽な愉しみ　林　真理子／壇　蜜
欲望する「ことば」「社会記号」とマーケティング　嶋　浩一郎／松井　剛
ぼくたちはこの国をこんなふうに愛することに決めた　高橋源一郎
ペンの力　浅田次郎／吉岡　忍
「東北のハワイ」は、なぜV字回復したのか　スパリゾートハワイアンズの奇跡　清水一利
村の酒屋を復活させる　田沢ワイン村の挑戦　玉村豊男
デジタル・ポピュリズム　操作される世論と民主主義　福田直子
戦後と災後の間 ——溶融するメディアと社会　吉見俊哉
「定年後」はお寺が居場所　星野　哲
ルポ　漂流する民主主義　真鍋弘樹
ルポ　ひきこもり未満　池上正樹
中国人のこころ　「ことば」からみる思考と感覚　小野秀樹
わかりやすさの罠　池上流「知る力」の鍛え方　池上　彰

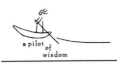

集英社新書　好評既刊

科学——G

匂いのエロティシズム	鈴木　隆
生き物をめぐる4つの「なぜ」	長谷川眞理子
物理学と神	池内　了
全地球凍結	川上紳一
ゲノムが語る生命	中村桂子
いのちを守るドングリの森	宮脇　昭
安全と安心の科学	村上陽一郎
松井教授の東大駒場講義録	松井孝典
時間はどこで生まれるのか	橋元淳一郎
スーパーコンピューターを20万円で創る	伊藤智義
非線形科学	蔵本由紀
欲望する脳	茂木健一郎
大人の時間はなぜ短いのか	一川　誠
雌と雄のある世界	三井恵津子
ニッポンの恐竜	笹沢教一
化粧する脳	茂木健一郎
美人は得をするか「顔」学入門	山口真美
電線一本で世界を救う	山下　博
量子論で宇宙がわかる	マーカス・チャウン
我関わる、ゆえに我あり	松井孝典
挑戦する脳	茂木健一郎
錯覚学——知覚の謎を解く	一川　誠
宇宙は無数にあるのか	佐藤勝彦
ニュートリノでわかる宇宙・素粒子の謎	鈴木厚人
顔を考える　生命形態学からアートまで	大塚信一
宇宙論と神	池内　了
非線形科学　同期する世界	蔵本由紀
宇宙を創る実験	村山斉・編
地震は必ず予測できる！	村井俊治
宇宙背景放射「ビッグバン以前」の痕跡を探る	羽澄昌史
チョコレートはなぜ美味しいのか	上野　聡
AIが人間を殺す日	小林雅一
したがるオスと嫌がるメスの生物学	宮竹貴久

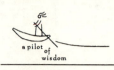